# recettes sucrées salées

# recettes sucrées salées

EDITIONS ATLAS

Édité par :
Éditions Glénat


Services éditoriaux et commerciaux :
Éditions Glénat - 39, rue du Gouverneur-Général Éboué
92130 Issy-les-Moulineaux

Cet ouvrage est une édition partielle de l'encyclopédie « La délicieuse cuisine d'Alice » publiée par les Éditions Atlas.

Crédits photographiques :
Couverture : Viel/Sucré Salé.
Intérieur :
C. Cattant/Atlas : 16 ; 24 ; 30 ; 34 ; 42 ; 44 ; 56 ; 66 ; 88 ; 94 ; 126 ; 146 ; 166. Studio F&J/Atlas : 10-11 ; 28-29 ; 39 ; 50 à 55 ; 62 ; 114 ; 132-133 ; 152-153 ; 158-159 ; 160 ; 164-165 ; 168 à 173. Éditions Consulaires/ F. Bellahsen/D. Rouche : 14-15 ; 76-77 ; 86-87 ; 112-113 ; 116-117 ; 124-125 ; 130-131 ; 138-139 ; 140-141. Y. Bagros/Photocuisine/Corbis : 8. Viel/Photocuisine/Corbis : 64 ; 106. D. Azambre/Option Photo : 36-37 ; 40-41 ; 58-59 ; 78-79 ; 96 à 99 ; 108-109 ; 144-145 ; 156-157 ; 162-163. P. Asset/Option Photo : 92 : 145. D. Azambre/G. Félix/Option Photo : 154-155. Belem/Option Photo : 17 ; 25 ; 31 ; 35 ; 45 ; 57 ; 89 ; 95 ; 115 ; 161. Dubois/Option Photo : 125. Felgeirolles/Option Photo : 167. La Photothèque culinaire : 18-19 ; 46 à 49 ; 70 ; 118-119 ; 105. F. Bertram - Avril/La Photothèque culinaire : 82-83. F. Bertram/La Photothèque culinaire : 12-13 ; 22-23 ; 26-27 ; 60-61 ; 68-69 ; 74-75 ; 80-81 ; 84-85 ; 110-111 ; 122-123 ; 128-129 ; 136-137 ; 142-143 ; 148-149. J.P. Dieterlen/M. Stock/La Photothèque culinaire : 32-33. Magis/ La Photothèque culinaire : 92-93. Marielle/La Photothèque culinaire : 67. Muriot/La Photothèque culinaire : 93. Rustica : 71. J. Hall/Sucré Salé : 43. P. Hussenot/Sucré Salé : 63 ; 90-91 ; 102-103. J. C. Riou/Sucré Salé : 72-73. J. F. Rivière/TOP : 100-101 ; 104. J. D. Sudres/TOP : 20-21 ; 134-135 ; 150-151.

Mise en page : François Barillec



Achevé d'imprimer en août 2009, en Italie par LEGO S.p.A.
Viale dell'industria, 2
36100 Vicenza, Italie
Dépôt légal : septembre 2009
ISBN : 978-2-7234-7180-0
Le papier utilisé pour la réalisation de ce livre provient de forêts gérées de manière durable.

# › Introduction

Figues farcies à la volaille, rosace de melon et parme sur granité, lapin aux pruneaux, tartare de poisson à la mangue, saumon mille-feuille beurre d'orange, salade d'orange au haddock, salade hawaïenne à l'ananas, tatin aux poires et foie gras... Voici 80 recettes sucrées salées, idéales pour créer une atmosphère conviviale, et faciles à réaliser grâce à des photos en pas à pas qui illustrent les principales étapes. Faites plaisir et régalez-vous, grâce à ces goûts originaux et ces saveurs inédites qui se taillent aujourd'hui une place de choix dans la cuisine !

*L'éditeur*

# › Sommaire

# Entrées et salades

*Préparation : 10 minutes* | *Repos : aucun* | *Cuisson : 15 minutes* | *Réalisation : facile* | *Coût : bon marché*

# Accras *du planteur*

### ›CONSEIL

*Utilisez de l'huile d'arachide pour la friture.*

### ›TOUR DE MAIN

*Pour la friture, procédez par petites quantités de beignets pour ne pas faire retomber brutalement la température du bain.*

**1** Pelez les bananes plantains et écrasez-les à l'aided'une fourchette.

**2** Dans un saladier, concassez les cacahuètes, émincez les ciboules, hachez 1/2 piment vert antillais et pressez 1/2 citron vert. Assaisonnez d'1 pincée de sel et de poivre.

**3** Incorporez les bananes écrasées et mélangez soigneusement. Ajoutez 1 cuillerée à soupe de farine et travaillez cette pâte.

**4** Faites chauffer le bain de friture à 180°C.

**5** Façonnez des boules à l'aide d'une cuillère et laissez-les tomber dans le bain de friture. Laissez frire 3 minutes puis sortez les accras du bain et égouttez-les sur du papier absorbant. Servez bien chaud.

*Originalité et saveur inédite pour accompagner vos meilleurs colombos.*

› *Ingrédients*
*(pour 4 personnes)*

- ✓ *4 bananes plantains*
- ✓ *50 g de cacahuètes salées*
- ✓ *2 ciboules*
- ✓ *1/2 piment vert antillais*
- ✓ *1/2 citron vert*
- ✓ *bain de friture*
- ✓ *farine, sel, poivre*

›VIN CONSEILLÉ

*À l'apéritif, servez ces accras avec un excellent rhum ambré.*

Préparation : 45 minutes | Réfrigération : 2 heures | Cuisson : 40 minutes | Réalisation : facile | Coût : bon marché

# Aspic de légumes *à l'orange*

**›CONSEIL**

*Si les poireaux ne sont pas très jeunes, ôtez une grande partie des feuilles vertes.*



**1** Préchauffez le gril de votre four.

**2** Placez une terrine rectangulaire au réfrigérateur. Lavez les poivrons et disposez-les sur une feuille d'aluminium. Faites-les griller au four en les retournant de temps en temps jusqu'à ce que la peau forme de grosses cloques (30 à 40 minutes). Placez-les 15 minutes dans un sac en plastique puis pelez-les, épépinez-les et coupez la chair en languettes.

**3** Entre-temps, grattez et coupez 4 carottes en fines rondelles. Versez le jus d'orange sur les carottes et faites-les cuire à feu doux 15 minutes. Assaisonnez et poudrez d'1 pincée de cumin. Épluchez 4 poireaux. Faites-les cuire 15 minutes à l'eau bouillante salée. Égouttez et conservez une tasse de bouillon de cuisson. Épluchez et coupez 4 navets en fines rondelles. Faites-les cuire 15 minutes à l'eau bouillante salée. Égouttez.

**4** Trempez 3 feuilles de gélatine quelques minutes dans l'eau froide. Essorez-les du bout des doigts et plongez-les dans le bouillon de poireau bien chaud. Délayez jusqu'à dissolution, laissez tiédir.

**5** Sortez la terrine du réfrigérateur. Versez un peu de gélatine dans le fond et replacez la terrine au froid pour la figer. Disposez une couche de rondelles de carottes, badigeonnez-les de gélatine au pinceau. Allongez les poireaux et badigeonnez de gélatine. Disposez une couche de navets et une couche de poivrons. Recommencez jusqu'à épuisement des légumes en passant un peu de gélatine entre chaque couche. Terminez par les carottes.

**6** Quand la terrine est montée, appuyez avec les mains pour tasser la préparation. Placez 2 heures au réfrigérateur. Démoulez et servez avec une vinaigrette (sel, poivre, 1 cuillerée à café de sauce soja, 1 cuillerée à soupe de vinaigre de cidre, 4 cuillerées à soupe d'huile d'olive et 1 cuillerée à café de graines de sésame).

*Un habit d'Arlequin pour cette fraîche terrine aux couleurs ensoleillées.*

## › Ingrédients
(pour 4 à 6 personnes)

- ✓ 4 poivrons (jaune, rouge, orange, vert)
- ✓ 4 poireaux
- ✓ 3 navets longs
- ✓ 4 carottes
- ✓ le jus de 3 oranges
- ✓ 3 feuilles de gélatine
- ✓ 1 cuillère à café de cumin en poudre
- ✓ 1 cuillère à café de sauce soja.
- ✓ 1 cuillère à soupe de vinaigre de cidre
- ✓ 4 cuillères à soupe d'huile d'olive
- ✓ 1 cuillère à café de graines de sésame
- ✓ sel, poivre

## › VIN CONSEILLÉ

*Un vin blanc sec (macon lugny blanc).*

Préparation : 30 minutes | Repos : aucun | Cuisson : 15 minutes | Réalisation : assez facile | Coût : bon marché

# Beignets de sardines
## *vinaigrette d'agrumes*

### ›TOUR DE MAIN

*Évitez de trop manipuler les sardines, car leur chair est délicate et se rompt facilement. Quand vous ôtez l'arête centrale, prenez garde à ne pas séparer les filets pour garder le poisson d'un seul tenant.*



**1** Hachez les feuilles de 3 brins de persil et ciselez 3 brins de ciboulette. Mélangez 50 g de farine, 50 g de fécule, 1 cuillerée à café de levure chimique et les herbes. Ajoutez de l'eau froide jusqu'à former une pâte à beignet moyennement liquide.

**2** Incisez la peau de 4 tomates en croix, trempez-les pendant 10 secondes dans de l'eau bouillante, puis dans l'eau froide. Pelez-les, coupez-les en deux et épépinez-les.

**3** Réduisez les tomates en purée au mixeur avec 4 feuilles de basilic, assaisonnez de sel et de poivre et faites réduire ce coulis d'un tiers sur feu moyen.

**4** Préparez une vinaigrette avec le jus d'orange, 1 cuillerée à soupe de vinaigre de xérès, 1 cuillerée à soupe de vinaigre de vin, 4 cl d'huile d'olive, du sel et du poivre.

**5** Écaillez et videz les sardines. Ôtez la tête et l'arête centrale en les ouvrant par le dos. Faites chauffer l'huile de friture. En tenant les sardines par la queue, trempez-les dans la pâte à frire, puis quelques minutes dans la friture. Égouttez-les sur du papier absorbant et salez.

**6** Assaisonnez la salade et disposez-en une poignée au milieu de chaque assiette. Déposez les beignets de sardines en dôme, décorez l'assiette de coulis de tomates et parsemez de tiges de ciboulette.

*Une élégante entrée chaude qui allie délicatement consistances et saveurs.*

**Ingrédients** (pour 4 personnes)

- 300 g de sardines fraîches
- 4 tomates
- 150 g de mesclun
- 4 feuilles de basilic
- 1 botte de ciboulette
- 3 brins de persil
- le jus d'1 petite orange
- 50 g de farine
- 50 g de fécule
- 4 cl d'huile d'olive
- 1 cuillère à soupe de vinaigre de xérès
- 1 cuillère à soupe de vinaigre de vin vieux
- 1 cuillère à café de levure chimique
- bain de friture
- sel, poivre du moulin

**VIN CONSEILLÉ**

*Un bandol rosé bien frais.*

*Préparation : 45 minutes* | *Repos : aucun* | *Cuisson : aucune* | *Réalisation : facile* | *Coût : bon marché*

# Brochettes *jambon-figue*

## ›VARIANTE

*Vous pouvez remplacer la feta par de la mozzarella ou un fromage frais de chèvre ou de brebis. Quelques billes de melon piquées entre la figue et le raisin vous transporteront tout droit en Italie !*

## ›CONSEIL

*À l'heure de l'apéritif, composez des mini-brochettes à l'aide de piques à cocktails et piquez-les sur un melon.*

**1** Égrappez le raisin, pelez soigneusement les grains. Rincez les figues sous l'eau et essuyez-les délicatement. Coupez-les en quatre. Réservez les fruits au frais.

**2** Ôtez la couenne et le gras des 4 tranches de jambon. Découpez-les en languettes de 2 cm de large sur 12 cm de longueur. Taillez la feta en cubes de taille égale. Poudrez le fromage de paprika.

**3** Préparez les brochettes : sur 8 longues piques en bois, enfilez 1 quartier de figue, 1 grain de raisin pelé, 1 cube de feta poudré et 1 languette de jambon blanc pliée en accordéon. Toujours dans le même ordre, enfilez sur chaque brochette une seconde série d'ingrédients. Réservez au frais.

**4** Lavez et essorez 8 belles feuilles de batavia et quelques brins de persil plat. Préparez la sauce : dans un petit bol, mélangez 1 pincée de sel, quelques tours de poivre du moulin et 2 cuillerées à soupe de vinaigre balsamique. Ajoutez 3 cuillerées à soupe d'huile d'olive. Fouettez quelques instants.

**5** Servez 2 brochettes par personne en posant chacune d'elles sur une feuille de salade garnie de brins de persil plat. Répartissez la sauce d'accompagnement dans 4 petites coupelles.

*De jolies brochettes festives pour ne pas perdre la ligne !*

**Ingrédients**
*(pour 4 personnes)*

- 8 à 10 figues violettes
- 4 tranches de jambon blanc
- 1 petite grappe de raisin « italia »
- 150 g de feta
- 8 belles feuilles de batavia
- 3 cuillères à soupe d'huile d'olive
- 2 cuillères à soupe de vinaigre balsamique
- quelques brins de persil plat
- quelques pincées de paprika
- sel, poivre

**VIN CONSEILLÉ**

*Un verre de vin blanc grec (retsina) ou un côtes-de-provence rosé.*

*Préparation : 15 minutes* | *Repos : aucun* | *Cuisson : 50 minutes* | *Réalisation : facile* | *Coût : bon marché*

# Carottes glacées *au cumin*

## ›AU MARCHÉ

*En hiver, choisissez de grosses carottes bien colorées (riches en carotène ou provitamine A). Mais dès que les beaux jours arrivent, laissez-vous tenter par les carottes en bottes. Inutile de les peler avec un économe : grattez-les légèrement au couteau et lavez-les bien, pour préserver au mieux les vitamines contenues sous la peau. Les fanes, quant à elles, sont riches en sels minéraux.*

## ›VARIANTE

*Il est possible de «glacer» des navets et des petits oignons grelots. Au printemps, préparez la recette avec des carottes nouvelles, que vous pouvez mélanger à des navets nouveaux et à des petits oignons. Pour une jolie présentation, gardez une partie des fanes. Si les légumes sont petits, laissez-les entiers.*

## ›ASTUCE

*En fin de cuisson, donnez un mouvement de rotation à la casserole pour que les légumes soient uniformément recouverts d'une pellicule brillante. Répétez plusieurs fois l'opération pour «glacer» les carottes. À défaut de miel, vous pouvez utiliser du sucre en poudre ou de la cassonade (1 cuillerée à café).*

**1** Pelez les carottes, lavez-les. Coupez-les en biais, en tronçons de 4 cm de long. Recoupez chaque tronçon en 2 ou en 4 dans l'épaisseur, si les carottes sont grosses. Gardez les 5 gousses d'ail entières, sans les peler.

**2** Mettez les carottes et les gousses d'ail dans une casserole à fond large, de façon à ce que les légumes cuisent sur une seule couche, sans superposition. Ajoutez 75 g de beurre coupé en petites parcelles, 3 cuillerées à soupe de miel, la feuille de laurier et la demi-cuillerée de cumin. Salez, poivrez.

**3** Si vous le désirez, mouillez très légèrement au-dessus des carottes avec de l'eau froide. Couvrez. Faites cuire sur feu doux jusqu'à ce que les carottes soient tendres et l'eau entièrement évaporée (au moins 50 minutes).

**4** Pour servir, retirez le laurier et transvasez les légumes dans un plat creux chauffé.

*Changez des légumes avec ces carottes glacées au beurre savoureuses et gourmandes.*

› *Ingrédients* (*pour 4 personnes*)

- ✓ 800 g carottes
- ✓ 5 gousses d'ail
- ✓ 75 g de beurre
- ✓ 3 cuillères à soupe de miel
- ✓ 1/2 cuillère à café de graines de cumin
- ✓ 1 feuille de laurier
- ✓ sel, poivre

### ›VIN CONSEILLÉ

*Choisissez, en fonction de la viande (agneau, veau ou volaille), un vin rouge ou bien un rosé frais. Ou pourquoi pas un vin gris du Maroc, sec et fruité ?*

# Figues farcies *à la volaille*

## ›CONSEIL

*À défaut de graisse de canard, faites revenir la farce à l'huile d'olive.*

## ›ASTUCE

*Cette recette est l'occasion idéale d'utiliser un reste de poulet rôti ou de volaille pochée dans un bouillon. Les morceaux les meilleurs sont souvent ceux qui adhèrent à la carcasse… dont le fameux «sot-l'y-laisse»!*

**1** Au couteau, émincez finement le jambon cru et le blanc de poulet cuit. Pelez et hachez 2 échalotes et 1 gousse d'ail.

**2** Dans une poêle, faites fondre 2 cuillerées à soupe de graisse de canard. Mettez-y 2 foies de volaille et faites-les blondir 5 minutes sur feu doux. Salez, poivrez. Déglacez avec 3 cl de cognac puis flambez avec une allumette. Lorsque les flammes s'éteignent, retirez les foies et laissez-les tiédir.

**3** Mettez les échalotes et l'ail dans la poêle. Faites-les suer 3 minutes. Ajoutez-y les foies de volaille coupés en petits dés, le jambon cru et le blanc de poulet. Mélangez bien et faites sauter l'ensemble quelques minutes sur feu moyen. Réservez.

**4** Lavez et essuyez 12 figues. Coupez-les aux 2/3 de leur hauteur et creusez-les à la cuillère pour prélever la chair. Au couteau, hachez environ 1/3 de la chair. Incorporez-la à la farce (réservez le reste pour une compote).

**5** Préchauffez votre four à 200°C (thermostat 6/7).

**6** Arrosez les figues avec le jus d'1 citron. Garnissez-les de farce. Rangez-les dans un plat à rôtir en posant un chapeau sur chaque fruit. Glissez-les dans le four et laissez-les gratiner environ 15 minutes. Servez très chaud.

*Dans l'esprit des petits farcis niçois, une entrée particulièrement originale !*

## › Ingrédients
(pour 4 personnes)

- ✓ 12 figues
- ✓ 2 tranches de jambon cru
- ✓ 150 g de blanc de poulet cuit
- ✓ 2 foies de volaille
- ✓ 3 cl de cognac
- ✓ 2 échalotes
- ✓ 1 gousse d'ail
- ✓ 2 cuillères à soupe de graisse de canard
- ✓ 1 citron
- ✓ sel, poivre

## › VIN CONSEILLÉ

Proposez un vin rosé de Provence. Soit un tavel, équilibré, dense et onctueux, soit un cassis, fruité et charpenté.

Préparation : 1 heure | Réfrigération : 16 jours | Cuisson : 35 minutes | Réalisation : délicate | Coût : cher

# Foie gras *au chutney*

## ›CONSEIL

*Évitez de fragmenter le foie en le dénervant, car il risque de fondre davantage à la cuisson.*

## ›AU MARCHÉ

*Le foie gras cru est généralement vendu sous vide. Choisissez un bon fournisseur. Vous trouverez la liqueur de lychee dans les épiceries fines ou en grandes surfaces.*

**1** Dénervez le foie avec un petit couteau pointu, en ouvrant délicatement les lobes dans la longueur. Mélangez les épices, réservez 1 cuillerée à soupe du mélange puis ajoutez le sel fin. Refermez le foie, roulez-le dans le mélange d'épices. Arrosez avec 1 cuillerée à soupe de liqueur de lychee. Laissez mariner 24 heures au frais.

**2** Préchauffez votre four à 90°C (thermostat 3).

**3** Dans un plat suffisamment grand, placez le foie et arrosez-le de graisse de canard à température ambiante. Laissez cuire 25 minutes. Égouttez-le sur une grille et mettez-le 2 heures au frais. Enveloppez le foie dans du film alimentaire. Déposez-le dans un plat et recouvrez-le de la graisse de canard. Laissez reposer 15 jours au réfrigérateur.

**4** Préparez le chutney : épluchez 1 mangue, 1 petit ananas et 2 bananes. Coupez les fruits en petits cubes. Arrosez-les du jus d'1 citron vert.

**5** Râpez le zeste d'1/2 citron vert, 1 cuillerée à café de gingembre et 3 gousses d'ail. Portez à ébullition dans une casserole 10 cl de vinaigre de riz avec 150 g de sucre roux. Ajoutez les cubes de fruits, les zestes râpés, l'ail et 1 cuillerée à café réservée du mélange d'épices. Salez et portez à nouveau à ébullition. Laissez cuire jusqu'à ce que les fruits soient bien souples. Laissez tiédir, ajoutez 10 cl de liqueur de lychee, mélangez et mettez au frais.

**6** Après 15 jours de macération, sortez le foie de sa graisse. Ôtez le film alimentaire et coupez-le en tranches. Présentez sur les assiettes, parsemé de fleur de sel, avec 2 cuillerées à soupe de chutney et des rondelles de citron vert.

*Avec ce délice raffiné et exotique, surprenez les convives les plus blasés !*

## Ingrédients
(pour 6 personnes)

- 1 foie de canard cru de 400 g environ
- 1 kg de graisse de canard
- 1 mangue
- 1 petit ananas
- 2 bananes
- 2 citrons verts
- 3 gousses d'ail
- 150 g de sucre roux
- 1 cuillère à soupe rase de muscade râpée
- 10 cl de vinaigre de riz (ou cidre)
- 1 cuillère à soupe rase de girofle en poudre
- 10 cl de liqueur de lychee + 1 cuillère à soupe
- 2 cm de racine de gingembre frais
- 2 cuillères à café de cannelle en poudre
- 2 capsules de cardamome
- fleur de sel, sel, poivre blanc

## VIN CONSEILLÉ

*Un vin blanc liquoreux du Bordelais ou d'Alsace (sauternes ou gewurztraminer vendanges tardives).*

*Préparation : 20 minutes* | *Repos : aucun* | *Cuisson : 15 minutes* | *Réalisation : facile* | *Coût : bon marché*

# Fonds d'artichauts

## *à l'orange et curry*

### ›CONSEIL

*Certains n'aiment pas croquer dans les grains de coriandre, car ils dégagent une saveur très forte. Si vous êtes dans ce cas, utilisez plutôt des grains de coriandre moulus.*

### ›AU MARCHÉ

*Entre mai et novembre, c'est-à-dire pendant la pleine saison, choisissez pour cette recette de gros artichauts camus bien ronds, aux feuilles bien serrées. Le reste de l'année, vous pouvez utiliser des fonds d'artichaut surgelés.*

**1** En appuyant avec les deux mains, cassez les tiges de 4 artichauts, ce qui permet d'arracher les fibres des fonds. Détachez les petites feuilles de la base. Frottez les parties exposées du fond avec un peu de jus de citron pour éviter qu'elles noircissent.

**2** Faites cuire les artichauts 10 à 15 minutes à l'autocuiseur jusqu'à ce que vous puissiez insérer facilement une pointe de couteau dans les fonds. Égouttez-les, pointes vers le bas. Ouvrez les feuilles et enlevez le foin avec une cuillère, puis retirez les feuilles afin de dégager les fonds.

**3** Pelez à vif 3 oranges : coupez les extrémités et posez le fruit sur une de ses bases. En un mouvement de haut en bas, enlevez des bandes comprenant l'écorce, la partie blanche et la membrane. Tranchez les fruits.

**4** Coupez les fonds d'artichaut en deux, puis en quatre, et enfin en huit afin d'obtenir des triangles. Épluchez et hachez finement 1 gousse d'ail. Pressez l'orange restante.

**5** Faites chauffer 1 cuillerée à soupe d'huile d'olive. Ajoutez l'ail haché, 1 cuillerée à café de cumin, 1 cuillerée à café de poudre de curry et 1 cuillerée à café de grains de coriandre. Remuez et incorporez sans tarder les fonds d'artichaut.

**6** Faites cuire les fonds d'artichaut juste le temps de les réchauffer et en remuant. Déglacez au jus d'orange, puis ajoutez les tranches d'orange et mélangez délicatement. Assaisonnez de sel et de poivre. Avant de servir, arrosez de 1 cuillerée à soupe d'huile d'olive.

*Tous frais, ces artichauts accompagnent élégamment un plat de poisson.*

› **Ingrédients**
(pour 4 personnes)

- ✓ 4 gros artichauts
- ✓ 4 oranges
- ✓ 1 gousse d'ail
- ✓ 2 cuillère à soupe d'huile d'olive
- ✓ 1 cuillère à café de poudre de curry
- ✓ 1 cuillère à café de cumin
- ✓ 1 cuillère à café de grains de coriandre
- ✓ jus de citron, sel, poivre

›VIN CONSEILLÉ

*Servez un petit chablis.*

# Gâteau *de foie gras*

## ›TOUR DE MAIN

*La difficulté de ce plat consiste à garder les différents ingrédients au chaud jusqu'au montage final. Posez-les devant votre four chaud et ouvert ou sur une casserole d'eau chaude.*

## ›CONSEIL

*Pour nettoyer les artichauts, n'oubliez pas de mettre des gants si vous ne voulez pas avoir les mains noircies.*

1 Coupez base des artichauts et haut des feuilles. Faites-les tremper dans de l'eau froide avec 1 cuillerée à soupe de gros sel et de vinaigre de vin blanc.

2 Épluchez et coupez en dés 1 carotte et 1 oignon. Faites-les revenir dans une cocotte avec 20 g de beurre. Ajoutez les tomates pelées et coupées en dés, ainsi que les fonds d'artichauts égouttés. Mouillez avec 25 cl de vin blanc et 25 cl de fond de volaille. Couvrez et laissez cuire 20 minutes.

3 Égouttez les fonds d'artichauts et laissez-les refroidir. Enlevez le foin et découpez les artichauts en 2 ou 3 tranches épaisses. Réservez au chaud.

4 Épluchez les pommes en les laissant entières. Coupez-les en tranches de 2 cm d'épaisseur conservez 12 tranches parmi les plus larges. Poêlez séparément pommes et artichauts avec 50 g de beurre jusqu'à coloration blonde. Réservez au chaud.

5 Découpez le foie gras en 8 escalopes. Poêlez rapidement les tranches sans matière grasse, à feu vif, 2 minutes de chaque côté. Égouttez et réservez au chaud.

6 Dans la même poêle, ajoutez 1 cuillerée à soupe de miel, 1 cuillerée à soupe de sucre, 1 verre de vin de brou de noix et 25 cl de fond de volaille. Assaisonnez d'un peu de fleur de sel et de poivre. Laissez réduire sur feu vif. Ajoutez en fouettant 30 g de beurre, 10 cl d'huile de noix et la ciboulette ciselée sans faire bouillir.

7 Présentez sur les assiettes en alternant les couches : pomme, artichaut, foie gras. Nappez de sauce et décorez de cerneaux de noix. Servez immédiatement.

*Une entrée spectaculaire et luxueuse à réaliser au dernier moment.*

› **Ingrédients** (pour 4 personnes)

- 500 g de foie gras cru
- 4 artichauts
- 4 pommes reinette
- 2 tomates
- 1 carotte
- 1 oignon
- 100 g de beurre
- 50 cl de fond de volaille
- 25 cl de vin blanc
- 1 cuillère à soupe de vinaigre de vin blanc
- 15 cl de vin de brou de noix
- 10 cl d'huile de noix
- 4 cerneaux de noix
- 12 brins de ciboulette
- miel, sucre
- gros sel, fleur de sel, poivre

## › VIN CONSEILLÉ

Un vin blanc moelleux comme un coteaux-du-layon ou un pacherenc. Pour un repas exceptionnel, osez le champagne !

Préparation : 45 minutes | Réfrigération : 12 heures | Cuisson : 15 minutes | Réalisation : assez facile | Coût : assez cher

# Haddock *à la gelée d'orange*

### ›CONSEIL

*Ne salez pas la mousse de haddock ! Il est même souhaitable de faire tremper le poisson une nuit dans un mélange de lait et d'eau pour le dessaler légèrement.*

**1** Mettez le filet de haddock dans une casserole. Versez 15 cl de lait et complétez avec de l'eau jusqu'à recouvrir le poisson. Portez à ébullition sur feu doux. Retirez du feu, couvrez et laissez refroidir.

**2** Émiettez le haddock après avoir retiré la peau et les arêtes. Au mixeur, broyez les miettes de poisson avec 2 cuillerées à soupe de crème fraîche.

**3** Faites fondre 15 g de beurre dans une casserole. Ajoutez 1 cuillerée à soupe rase de farine et laissez cuire 2 minutes en remuant. Versez 15 cl du liquide de cuisson du haddock filtré à travers une passoire. Portez à ébullition en remuant. Laissez frémir 2 minutes jusqu'à obtention d'une petite béchamel. Hors du feu, incorporez 2 feuilles de gélatine ramollies dans de l'eau froide et bien essorées.

**4** Mélangez la béchamel et le haddock mixé. Poivrez. Laissez refroidir puis incorporez 2 blancs d'œuf battus en neige ferme. Répartissez la mousse de haddock dans 4 coupes. Mettez au frais pour 12 heures.

**5** Râpez finement le zeste d'1 orange puis recueillez le jus des 2 agrumes. Faites-le chauffer dans une petite casserole. Hors du feu, incorporez 2 feuilles de gélatine bien essorées. Ajoutez le zeste d'orange et 1 pincée de sucre semoule. Versez le mélange dans une assiette creuse. Laissez refroidir puis faites prendre en gelée au réfrigérateur.

**6** Au dernier moment, quadrillez la gelée en traçant des lignes horizontales et verticales à l'aide d'un couteau. Prélevez les petits dès de gelée d'orange à la cuillère et posez-les à la surface des mousses. Décorez de brins d'aneth et servez frais.

*Une entrée fraîche et insolite à déguster à la petite cuillère !*

### › Ingrédients
(pour 4 personnes)

- ✓ 250 g de filet de haddock
- ✓ 2 oranges
- ✓ 2 blancs d'œuf
- ✓ 15 cl de lait
- ✓ 15 g de beurre
- ✓ 2 cuillères à soupe de crème fraîche
- ✓ 4 feuilles de gélatine
- ✓ 1 cuillère à soupe rase de farine
- ✓ sucre semoule, poivre
- ✓ quelques brins d'aneth

### › VIN CONSEILLÉ

*Un vin blanc sec et fruité (riesling, quincy, bellet).*

# Kiwis *farcis*

**›CONSEIL**

*Lorsque vous creusez les kiwis, procédez avec délicatesse pour ne pas percer l'écorce des fruits.*



**1** Coupez légèrement la base des 8 kiwis pour qu'ils puissent tenir debout. Découpez un chapeau à l'autre extrémité des fruits.

**2** Évidez les kiwis avec soin à l'aide d'une cuillère parisienne ou d'une cuillère à thé. Taillez la pulpe recueillie en très petits dés. Réservez les écorces évidées au réfrigérateur.

**3** Décortiquez les crevettes roses. Gardez 8 queues entières pour la présentation. Taillez le reste en petits dés. Pelez et ciselez 1 oignon rouge. Hachez finement quelques brins de ciboulette et 4 feuilles de menthe.

**4** Dans un bol, mélangez 1 cuillerée à café de moutarde à l'ancienne et 1 cuillerée à café de moutarde forte. Ajoutez le jus d'1/2 citron et mélangez au fouet. Incorporez 200 g de yaourt maigre. Salez, poivrez.

**5** Dans une jatte, mettez les dés de kiwi, de crevettes et d'oignon. Ajoutez les fines herbes hachées. Complétez avec la sauce au yaourt. Mélangez délicatement.

**6** Garnissez les écorces évidées avec la salade de kiwis aux crevettes. Alignez les fruits farcis sur un plat long. Décorez avec les queues de crevettes et des brins de ciboulette. Servez frais.

*Fraîche et fruitée, une entrée légère sous le signe tonique du kiwi !*

› *Ingrédients*
*(pour 4 personnes)*

- ✓ 8 kiwis
- ✓ 200 g de crevettes roses cuites
- ✓ 200 g de yaourt nature maigre
- ✓ 1 oignon rouge
- ✓ 1/2 citron
- ✓ 1 cuillère à café de moutarde forte
- ✓ 1 cuillère à café de moutarde à l'ancienne
- ✓ quelques brins de ciboulette
- ✓ 4 feuilles de menthe fraîche
- ✓ sel, poivre

›VIN CONSEILLÉ

*De l'eau fraîche parfumée d'un brin de menthe.*

Préparation : 25 minutes | Repos : aucun | Cuisson : 40 minutes | Réalisation : assez facile | Coût : assez cher

# Papillons au crabe *et à l'orange*

## ›TOUR DE MAIN

*Pour décortiquer un tourteau, arrachez et jetez la queue osseuse qui est repliée sous l'abdomen, puis détachez les pinces et les pattes que vous briserez avec un pilon sans les écraser pour retirer la chair. Détachez la partie osseuse où étaient attachées les pattes. Jetez les branchies. Coupez la partie osseuse en deux, séparez une par une les alvéoles et, à l'aide d'une brochette, sortez la chair. Avec une petite cuillère, retirez toute la chair de la carapace.*

**1** Portez à ébullition 3 litres d'eau salée additionnée de 2 cuillerées à soupe de vinaigre et du bouquet garni, et plongez-y les crustacés vivants. Quand l'eau bout à nouveau, comptez 25 minutes de cuisson, puis égouttez.

**2** Décortiquez les crabes cuits. Prélevez le zeste des oranges. Pelez-les à vif et enlevez les quartiers en récupérant le jus. Taillez le fenouil en petits dés. Coupez les feuilles de basilic en julienne. Avec la lame d'un grand couteau, écrasez finement 2 cuillerées à café de baies roses.

**3** Faites chauffer 1 cuillerée à soupe d'huile d'olive dans une poêle à feu moyen, puis ajoutez le fenouil. Laissez cuire pendant 6 minutes avant d'ajouter la chair de crabe et les zestes d'orange et poursuivez la cuisson pendant 5 minutes. À feu vif, déglacez avec 10 cl de vin blanc et le jus d'orange. Laissez réduire pendant une minute et ajoutez la crème fraîche, les oranges, le basilic et les grains de poivre. Salez, poivrez et réservez au chaud.

**4** Faites cuire les pâtes pendant 8 minutes dans une grande quantité d'eau salée. Égouttez-les, ajoutez-leur la sauce, saupoudrez de paprika et servez aussitôt.

*Une combinaison de saveurs inattendue et gourmande !*

› *Ingrédients*
*(pour 4 personnes)*

- ✓ 2 tourteaux
- ✓ 500 g de papillons (farfalle)
- ✓ 1/2 bulbe de fenouil
- ✓ 6 feuilles de basilic
- ✓ 2 oranges
- ✓ 2 cuillères à soupe de crème fraîche
- ✓ 2 cuillères à soupe de vinaigre de vin
- ✓ 10 cl de vin blanc sec
- ✓ 1 bouquet garni
- ✓ 1 cuillère à café de paprika
- ✓ 2 cuillères à café de baies roses
- ✓ huile d'olive, sel, poivre

› VIN CONSEILLÉ

*Un bon blanc sec du Val de Loire.*

Préparation : 10 minutes | Repos : aucun | Cuisson : 15 minutes | Réalisation : facile | Coût : assez cher

# Roquette aux poires
## *et au gorgonzola*

### ›À SAVOIR

*Fruit sec doux et savoureux, le pignon de pin contient 30 % de protéines végétales facilement assimilables.*

### ›ASTUCE

*La poire s'oxyde très vite, il faut donc l'arroser de jus de citron immédiatement après l'avoir pelée.*

1 Préchauffez votre four à 210°C (thermostat 7). Dans une casserole, faites fondre 20 g de beurre et ajoutez 1 cuillerée à soupe de jus de citron. Lavez et essorez la roquette. Découpez le gorgonzola en cubes. Torréfiez les pignons de pin dans une poêle à sec durant environ 5 minutes.

2 Épluchez, épépinez et découpez 3 poires en quartiers. Poivrez-en 2 et demi et badigeonnez-les de beurre au citron. Enfournez-les sur une plaque de cuisson pendant 15 minutes.

3 Mélangez 3 cuillerées à soupe d'huile d'olive avec 1 cuillerée à soupe de vinaigre, du sel et du poivre. Mixez la demi-poire restante et ajoutez-la à la vinaigrette. Rectifiez l'assaisonnement puis versez cette sauce sur la roquette et mélangez.

4 Répartissez la roquette, les dés de gorgonzola, les morceaux de poires et les pignons de pin sur les assiettes et servez aussitôt.

*Un mariage succulent de douceur et de « piccante ».*

**Ingrédients** *(pour 4 personnes)*

- ✓ 3 poires mûres
- ✓ 200 g de roquette
- ✓ 120 g de gorgonzola
- ✓ 50 g de pignons
- ✓ 20 g de beurre
- ✓ 1 cuillère à soupe de jus de citron
- ✓ 3 cuillères à soupe d'huile d'olive
- ✓ 1 cuillère à soupe de vinaigre de xérès
- ✓ sel, poivre

**VIN CONSEILLÉ**

*Un chardonnay de la Californie.*

Préparation : 15 minutes | Cuisson : aucune | Congélation : 3 heures | Réalisation : facile | Coût : bon marché

# Rosace de melon
## *et parme sur granité*

### ›ASTUCE

*Le melon se garde à température ambiante jusqu'à sa maturité, puis au frais dans le bac à légumes. Enveloppez-le de film plastique pour éviter que son odeur se répande.*

### ›CONSEIL

*Le taux optimal de sucre dans un melon se situe entre 12 et 18% mais dépend autant de la variété que de l'ensoleillement. Dans le meilleur des cas, le melon que vous ramenez du marché possède un goût de nectar parfaitement sucré et quelques cuillerées de porto suffisent pour faire un granité impeccable. Si tel n'est pas le cas et si vous êtes déçu par votre achat, fabriquez un petit sirop de sucre et ajoutez-le selon votre goût.*

### ›VARIANTE

*Pour découper un melon, suivez le trait ! Coupez en partant du pédoncule vers le côté opposé pour ne léser personne. En effet, une extrémité du melon est toujours plus sucrée que l'autre.*

**1** Coupez 1 melon en deux, retirez les pépins et enlevez la peau. Mixez la chair avec 2 cuillerées à soupe de porto.

**2** Versez la préparation dans un récipient et faites-la congeler pendant 3 heures. Toutes les 30 minutes, mélangez la préparation à la fourchette pour écraser les cristaux de glace.

**3** Avant de servir, découpez 6 tranches de jambon en deux dans le sens de la longueur. Coupez 2 melons en deux. Videz-les de leurs pépins et découpez 12 tranches. Pelez-les.

**4** Enveloppez les morceaux de melon de jambon et assaisonnez de poivre du moulin. Disposez le melon en rosace autour du granité et décorez de brins de cerfeuil. Servez bien frais.

*Une variation rafraîchissante sur un duo classique et valeur sûre !*

› *Ingrédients*
*(pour 4 personnes)*

- *3 melons*
- *6 tranches de jambon cru*
- *2 cuillères à soupe de porto blanc*
- *brins de cerfeuil*
- *poivre du moulin*

›VIN CONSEILLÉ

*Un porto blanc.*

*Préparation : 30 minutes* | *Cuisson : aucune* | *Macération : 1 heure* | *Réalisation : facile* | *Coût : bon marché*

# Salade de betterave *aux agrumes*

## › À SAVOIR

*Bien que riche en glucides, la betterave rouge possède des fibres permettant de régulariser l'assimilation des sucres qui sont alors métabolisés lentement par l'organisme. Peu énergétique (40 kcal pour 100 g), ce légume-racine est une bonne source de vitamines (C, B1, B2) et de minéraux (phosphore, magnésium, fluor).*

## › AU MARCHÉ

*Les betteraves cuites sont disponibles en vrac sur les étals ou conditionnées sous vide et pasteurisées (en supermarchés). Les premières ont souvent plus de goût car elles sont cuites au four, ce qui relève agréablement leur saveur. Plus fades, les betteraves pasteurisées sont cuites à l'eau, parfois à la vapeur. Si vous avez la chance d'habiter la Bretagne ou le Loiret, recherchez la variété «crapaudine», rave allongée à la peau toute ridée… et à la chair très fine !*

**1** Taillez les 2 pomelos à vif : coupez les 2 extrémités de chaque fruit et posez-les debout sur une planche. À l'aide d'un couteau bien tranchant, supprimez l'écorce et la peau blanche d'un seul geste en tournant autour du fruit. Procédez de même pour les 3 oranges.

**2** Toujours à l'aide du couteau, prélevez les segments des pomelos et des oranges. Disposez-les dans un grand plat. Saupoudrez-les de 2 pincées de cumin en poudre. Laissez-les macérer 1 heure au réfrigérateur.

**3** Pelez la betterave rouge. Coupez-la en quatre. Taillez chaque quartier en fines lamelles.

**4** Dans un bol, mélangez 1 cuillerée à café de moutarde forte, 1 cuillerée à café de jus de citron, 2 cuillerées à soupe de vinaigre de xérès et 3 cuillerées à soupe d'huile d'olive. Battez peu à peu à la fourchette pour bien émulsionner la sauce.

**5** Disposez les pomelos et les oranges sur 4 assiettes en alternant la couleur des agrumes. Répartissez les lamelles de betterave. Salez, poivrez. Versez la sauce en filet sur la salade. Décorez avec les brins de cerfeuil et servez aussitôt.

*Une salade d'hiver tonique et colorée pour garder la forme !*

› **Ingrédients**
(pour 4 personnes)

- ✓ 1 betterave rouge cuite
- ✓ 2 pomelos
- ✓ 3 oranges
- ✓ quelques brins de cerfeuil
- ✓ 2 pincées de cumin en poudre
- ✓ 1 cuillère à café de moutarde forte
- ✓ 1 cuillère à café de jus de citron
- ✓ 2 cuillères à soupe de vinaigre de xérès
- ✓ 3 cuillères à soupe d'huile d'olive
- ✓ sel, poivre

›VIN CONSEILLÉ

*Un verre de vin blanc (coteaux-d'ancenis).*

*Préparation : 35 minutes* | *Repos : aucun* | *Cuisson : 15 minutes* | *Réalisation : facile* | *Coût : bon marché*

# Salade de coquillages *aux pêches*

## › CONSEIL

*Évitez un trempage excessif en lavant vos mollusques. Valable pour les moules ou les coques, la technique consiste à les mettre dans un bac, à les couvrir d'eau froide et à les brasser énergétiquement avec les mains. Jetez tout coquillage qui remonte à la surface de l'eau, signe qu'il est sans doute mort et donc toxique. Surtout, ne videz pas le bac en y laissant les coquillages, enlevez-les auparavant. Renouvelez ce lavage à l'eau claire wau moins 3 fois.*

## › TOUR DE MAIN

*Filtrez le jus de cuisson des coquillages au travers d'un tamis fin mais, surtout, pensez à tapisser le tamis d'un torchon propre, pour attraper tout sable éventuel.*

**1** Lavez et grattez moules et coques dans plusieurs eaux. Hachez 1 échalote finement et mettez-la dans une cocotte avec les moules et les coques, puis ajoutez 15 cl de vin blanc.

**2** Couvrez et faites cuire 5 minutes. Faites sauter pour que tous les coquillages soient exposés à la chaleur au fond du récipient et s'ouvrent. Hors du feu, dégagez les moules et les coques de leurs coquilles. Filtrez le jus de cuisson.

**3** Nettoyez les encornets, retirez la peau et coupez-les en morceaux. Faites chauffer 1 cuillerée à soupe d'huile d'olive et faites cuire les encornets sur feu moyen pendant environ 10 minutes. Salez et poivrez.

**4** Pressez 2 citrons. Lavez les champignons, émincez-les et arrosez-les de jus de citron. Découpez 2 pêches en quartiers et citronnez-les également. Lavez et essorez les pousses d'épinard et la roquette.

**5** Mélangez 2 cuillerées à soupe de jus de citron avec 1 cuillerée à soupe de jus de cuisson des moules et 3 cuillerées à soupe d'huile d'olive. Poivrez et ajustez l'assaisonnement selon votre goût.

**6** Assaisonnez les coquillages et les encornets avec la vinaigrette. Mélangez les deux salades et assaisonnez-les. Dressez la salade dans les assiettes : disposez un lit de verdure, parsemez de champignons, de fruits de mer, puis de pêches.

*Rafraîchissante et originale, une salade pour un repas complet léger.*

**Ingrédients**
(pour 4 personnes)

- 1 l de moules
- 1 l de coques
- 250 g d'encornets
- 150 g de champignons
- 150 g de pousses d'épinard
- 100 g de roquette
- 2 pêches
- 2 citrons
- 1 échalote
- 15 cl de vin blanc
- huile d'olive, sel, poivre

**VIN CONSEILLÉ**

*Un blanc de Gascogne.*

*Préparation : 30 minutes* | *Cuisson : aucune* | *Macération : 15 minutes* | *Réalisation : facile* | *Coût : assez cher*

# Salade de fraises
## *au jambon de Parme*

### › À SAVOIR

*Pour cette salade très raffinée, sélectionnez les fraises les plus parfumées (gariguette, mara des bois). Achetez-les au dernier moment pour profiter au mieux de leurs qualités gustatives et de leur grande richesse en vitamine C. Choisissez du raisin d'Italie à gros grains juteux et croquants (italia), plus facile à peler que le chasselas.*
*Si vous possédez du poivre de Sichuan, préférez-le au poivre noir.*

**1** Émiettez 1 brindille de thym et hachez finement 1 belle feuille de sauge. Mettez-les dans un bol avec 1 cuillerée à soupe de jus de citron, 1 cuillerée à soupe de vinaigre balsamique et 3 tours de moulin à poivre. Ajoutez 2 cuillerées à soupe de sucre en poudre. Mélangez à la cuillère en bois jusqu'à ce que le sucre soit parfaitement dissous. Laissez macérer 15 minutes.

**2** Égrenez le raisin blanc. Pelez soigneusement les grains à l'aide d'un petit couteau. Ouvrez-les en deux et ôtez les pépins. Réservez-les au frais.

**3** Rincez les fraises sous l'eau. Épongez-les sur du papier absorbant. Équeutez-les et coupez-les en fines tranches ou en petits quartiers.

**4** Disposez les fruits dans 4 coupelles en les répartissant harmonieusement. Arrosez-les avec la sauce au vinaigre balsamique et aux herbes. Roulez les tranches de jambon de Parme en cornet. Mettez-en deux sur chaque salade. Décorez de feuilles de sauge. Servez aussitôt.

*Entre saveurs salées et sucrées, cette salade fruitée met les papilles en fête !*

**Ingrédients** (pour 4 personnes)

- 8 fines tranches de jambon de Parme
- 500 g de fraises
- 1 grappe de raisin blanc
- 1 brindille de thym frais
- 5 feuilles de sauge fraîche
- 4 cuillères à soupe d'huile d'olive
- 1 cuillère à soupe de jus de citron
- 1 cuillère à soupe de vinaigre balsamique
- 2 cuillères à soupe de sucre en poudre
- poivre du moulin

## VIN CONSEILLÉ

*Un vin rouge de Loire, développant des arômes de fruit rouge (saumur-champigny, bourgueil) et notamment de fraise (chinon), ou un rosé d'Anjou.*

# Salade de fruits
## *aux Saint-Jacques rôties*

### ›CONSEIL

*Cette salade sera délicieuse en entrée, pour précéder un poisson noble et léger (turbot, sole, bar de ligne). Si vous la servez en plat unique, comptez 1 ou 2 noix de Saint-Jacques supplémentaires par personne.*

**1** Pressez le demi-citron. Mélangez dans un bol 1 cuillerée à café de moutarde, 1 cuillerée à soupe de jus de citron et 1 cuillerée à soupe de vinaigre de cidre. Ajoutez peu à peu 15 cl de crème liquide. Incorporez 1/2 cuillerée à café de curry. Salez, poivrez. Mélangez et laissez 30 minutes au réfrigérateur.

**2** Entre-temps, équeutez 125 g de fraises, lavez-les rapidement, essuyez-les et émincez-les. Pelez la mangue, taillez-la en tranches très minces. Lavez la pomme, coupez-la en fines lamelles sans l'éplucher. Mettez les fruits dans un plat creux, arrosez-les avec le jus de citron. Réservez-les au réfrigérateur.

**3** Lavez et essorez les pousses d'épinards dans un panier à salade.

**4** Rincez les Saint-Jacques sous l'eau, épongez-les. Coupez les noix en deux dans l'épaisseur. Faites chauffer 2 cuillerées à soupe d'huile d'olive dans une poêle. Ajoutez les noix et laissez-les dorer 3 minutes de chaque côté. Salez et parsemez d'1 cuillerée à café de baies roses.

**5** Versez 2 cuillerées à soupe de cognac dans la poêle et flambez à l'aide d'une allumette. Retirez du feu dès que les flammes s'éteignent. Réservez au chaud.

**6** Disposez la salade sur les assiettes : sur un lit de pousses d'épinards, répartissez joliment les noix de Saint-Jacques et les fruits. Nappez de sauce au curry. Décorez de brins de coriandre et servez aussitôt.

*Mariage sucré-salé de fruits de mer et de fruits frais... Insolite, gai et raffiné !*

### › Ingrédients
(pour 4 personnes)

- ✓ 12 noix de Saint-Jacques
- ✓ 100 g de pousses d'épinards
- ✓ 125 g de fraises
- ✓ 1 mangue
- ✓ 1 pomme rouge
- ✓ 15 cl de crème liquide
- ✓ 1/2 citron
- ✓ 2 cuillères à soupe de cognac
- ✓ quelques brins de coriandre
- ✓ 2 cuillères à soupe d'huile d'olive
- ✓ 1 cuillère à café de baies roses
- ✓ 1/2 cuillère à café de curry
- ✓ moutarde, vinaigre de cidre
- ✓ sel, poivre

### › VIN CONSEILLÉ

*Jouez totalement l'originalité en proposant un pacherenc-du-vic-bilh, superbe vin blanc moelleux du Béarn au nez de pain grillé et de noyau de pêche.*

*Préparation : 25 minutes* | *Cuisson : aucune* | *Réfrigération : 1 heure* | *Réalisation : assez facile* | *Coût : assez cher*

# Salade d'oranges *au haddock*

### ›AU MARCHÉ

*L'appellation «haddock» est réservée à l'églefin fumé. D'autres poissons fumés tels que le lieu, la lingue ou le cabillaud ne peuvent atteindre les mêmes qualités que le véritable haddock, originaire d'Écosse. Méfiez-vous des imitations !*

### ›VARIANTE

*À défaut d'oignons violets, choisissez des oignons blancs nouveaux. Vous pouvez remplacer la laitue par une salade romaine, croquante et légèrement sucrée. Roulez les feuilles sur elles-mêmes et taillez-les en chiffonnade. Pensez aussi aux délicieuses petites olives niçoises, qui n'ont pas besoin d'être dénoyautées (il suffit d'en parsemer la salade).*



1 Rincez le filet de haddock sous l'eau fraîche. À l'aide d'un couteau bien aiguisé, prélevez de fines tranches de poisson. Mettez-les sur un plat, étalées côte à côte. Réservez-les au frais.

2 Pelez les oranges à vif en supprimant l'écorce et la peau blanche en un seul geste. Coupez-les en fines tranches. Recueillez le jus qui s'écoule.

3 Pelez les oignons. Lavez-les, coupez-les en fines tranches, détachez les rondelles les unes des autres. Dénoyautez les olives, émincez-les.

4 Lavez la laitue. Mettez les feuilles vertes de côté pour une autre préparation. Émincez finement le cœur.

5 Dans un grand saladier, disposez le cœur de laitue émincé, les tranches de haddock et d'oranges, les rondelles d'oignons et les olives. Couvrez de film alimentaire. Mettez au réfrigérateur pendant 1 heure.

6 Préparez la sauce. Dans un bol, mélangez le jus de citron et le jus des oranges. Versez-y l'huile d'olive tout en fouettant. Salez, poivrez.

7 Au moment de servir, arrosez la salade avec la sauce.

*Une salade très rafraîchissante, aux saveurs à la fois fumées et fruitées.*

› **Ingrédients**
(pour 4 personnes)

- ✓ 300 g de haddock
- ✓ 3 oranges
- ✓ 2 oignons violets
- ✓ 1 laitue
- ✓ 80 g d'olives noires

Pour la sauce :

- ✓ le jus d'1 citron
- ✓ 5 cuillères à soupe d'huile d'olive
- ✓ sel, poivre

›**VIN CONSEILLÉ**

Choisissez un vin d'Alsace, aromatique et vif (riesling). Servez-le bien frais.

*Préparation : 30 minutes* | *Repos : aucun* | *Cuisson : 15 minutes* | *Réalisation : facile* | *Coût : bon marché*

# Salade hawaïenne *à l'ananas*

## ›AU MARCHÉ

*Choisissez des ananas de taille moyenne, lourds et bien parfumés. Si les feuilles à la base du plumet se détachent facilement, c'est le signe qu'ils sont à bonne maturité. Acheté encore un peu vert, l'ananas mûrit en quelques jours à température ambiante. Servi en entrée, il facilite la digestion. Consommé cru comme dans cette préparation, il est rafraîchissant et très désaltérant !*

## ›VARIANTE

*N'hésitez pas à utiliser des restes de poulet cuit, de rôti de porc ou de veau. Dans ce cas, inutile d'acheter du jambon. Vous pouvez aussi corser l'assaisonnement de la sauce en y ajoutant un trait de rhum !*

## ›TOUR DE MAIN

*Tapissez l'intérieur des écorces de feuilles de batavia avant d'y déposer la garniture.*

1 Faites cuire le riz à l'eau bouillante salée (11 à 15 minutes). Égouttez-le et rafraîchissez-le.

2 Préparez la sauce cocktail. Dans un bol, mélangez le jaune d'œuf et 1 cuillerée à soupe de moutarde au fouet à main. Versez 25 cl d'huile en filet sans cesser de fouetter jusqu'à obtention d'une mayonnaise. Salez, poivrez, incorporez 2 cuillerées à soupe de ketchup et 5 gouttes de Tabasco. Réservez la sauce au réfrigérateur.

3 Ouvrez les ananas en deux dans le sens de la longueur. Évidez-les à l'aide d'un couteau à pamplemousse. Découpez la chair en tranches, puis en petits dés réguliers après avoir ôté la partie centrale, trop dure. Citronnez l'intérieur des écorces ainsi que le haut du plumet pour les empêcher de brunir. Mettez-les au réfrigérateur.

4 Décortiquez les crevettes. Coupez la banane en rondelles, citronnez-les. Taillez le jambon en petits cubes. Égouttez et rincez le maïs. Lavez, équeutez et hachez finement l'estragon en réservant quelques petits brins.

5 Dans un saladier, assemblez tous les ingrédients : dés d'ananas, riz, crevettes, bananes, jambon, maïs et estragon. Versez dessus la sauce cocktail. Mélangez délicatement. Transvasez la préparation dans les écorces d'ananas évidées. Décorez avec les brins d'estragon. Servez très frais.

*Fraîche et originalement présentée, une salade paradisiaque !*

› Ingrédients
(pour 4 personnes)

- ✓ 2 ananas
- ✓ 1 banane
- ✓ 1 citron
- ✓ 500 g de crevettes roses cuites
- ✓ 1 tranche épaisse de jambon blanc
- ✓ 60 g de riz
- ✓ 1 boîte de maïs
- ✓ 1 bouquet d'estragon

Pour la sauce cocktail :

- ✓ 1 jaune d'œuf cru
- ✓ 1 cuillère à soupe de moutarde forte
- ✓ 2 cuillères à soupe de ketchup épicé
- ✓ 25 cl d'huile
- ✓ 5 gouttes de Tabasco
- ✓ sel, poivre

## › VIN CONSEILLÉ

Osez un vin blanc de Californie issu du cépage chardonnay. Servez-le très frais, vous y reconnaîtrez les qualités d'un bon bourgogne blanc.

Préparation : 20 minutes | Repos : aucun | Cuisson : aucune | Réalisation : facile | Coût : assez cher

# Salade pimentée *de papaye verte*

## ›AU MARCHÉ

*Que ce soit en Thaïlande ou à la Réunion, c'est la papaye verte, c'est-à-dire le fruit immature, qu'on affectionne pour faire des salades. On la trouve dans les magasins de produits asiatiques ou les grandes surfaces. Choisissez un fruit dur, d'une couleur vert foncé sans trace de rose ou de jaune.*

## ›CONSEIL

*Vous pouvez préparer cette salade jusqu'à deux heures à l'avance, mais en incorporant la coriandre fraîche toujours à la dernière minute. Servez-la à température ambiante.*

## ›VARIANTE

*Cette salade supporte bien l'ajout d'oignons blancs, voire de tomates et de gingembre frais dans la sauce. À défaut de papaye verte, utilisez simplement des carottes râpées.*



1 Épluchez et hachez finement 1 à 2 gousses d'ail. Épépinez et hachez finement 1 à 2 petits piments selon votre goût (portez des gants). Mettez l'ail et le piment ensemble dans un mortier et pillez-les pour former une pâte. Transvasez dans un bol.

2 Incorporez 1 cuillerée à soupe de sucre à la pâte de piments, 3 cuillerées à soupe de jus de citron vert et 2 cuillerées à soupe de nuoc mam. Poivrez et rectifiez l'assaisonnement.

3 Lavez et épépinez 1 poivron rouge, puis détaillez la chair en une fine julienne. Découpez 75 g de viande des Grisons en julienne. Coupez 1 papaye verte en deux dans le sens de la hauteur, puis retirez-en les graines. Pelez le fruit et râpez-le dans un saladier.

4 Ajoutez à la papaye la julienne de viande des Grisons et la julienne de poivron rouge. Versez la sauce et mélangez bien. Lavez et essorez 1/2 botte de coriandre fraîche. Détachez les feuilles et hachez-les finement.

5 Dans une poêle à sec, faites griller 50 g de cacahuètes à feu vif. Hachez-les finement. Incorporez la coriandre à la salade, dressez sur une assiette de service et saupoudrez de cacahuètes grillées.

*Délicieusement exotique, cette salade fait frissonner les papilles !*

## Ingrédients
(pour 4 personnes)

- 1 papaye verte
- 75 g de viande des Grisons
- 1 poivron rouge
- 50 g de cacahuètes
- 1/2 botte de coriandre fraîche
- 1 à 2 gousses d'ail
- 1 à 2 petits piments rouge ou vert
- 3 cuillères à soupe de jus de citron vert
- 2 cuillères à soupe de nuoc mam
- 1 cuillère à soupe de sucre

## VIN CONSEILLÉ

Une bière thaï Singha.

Préparation : 40 minutes | Repos: aucun | Cuisson : 55 minutes | Réalisation : facile | Coût : bon marché

# Tartare de jambon
## *confiture d'échalotes*

### ›TOUR DE MAIN

*Mixez le jambon très brièvement : il doit garder une certaine texture.*



### ›À SAVOIR

*S'il vous est impossible de peler des échalotes sans verser des larmes, passez régulièrement vos mains et vos poignets sous l'eau : le soulagement est immédiat !*

**1** Pelez et émincez finement les échalotes. Faites-les revenir 10 minutes sur feu assez vif dans une casserole, avec 2 cuillerées à soupe d'huile d'olive.

**2** Lorsque les échalotes commencent à dorer, ajoutez 3 cuillerées à soupe de cassonade, baissez le feu et mélangez. Mouillez avec 10 cl de vin blanc et 5 cl de vinaigre de xérès. Ajoutez 1 cuillerée à café de concentré de tomate et 1 pincée de piment, 1 pincée de cumin, 1 pincée de girofle, 1 de cannelle et 1 de gingembre. Couvrez et laissez cuire environ 45 minutes à petits frémissements. Laissez refroidir entièrement.

**3** Lavez les courgettes et râpez-les finement sans les peler. Préparez une petite vinaigrette en mélangeant 1 cuillerée à café de moutarde forte, 1 cuillerée à soupe de jus de citron et 3 cuillerées à soupe d'huile d'olive. Ajoutez 5 feuilles de basilic hachées. Assaisonnez les courgettes râpées avec la vinaigrette.

**4** Ôtez le gras et la couenne du jambon. Coupez-le en morceaux et hachez-le grossièrement au mixeur.

**5** Disposez le jambon mixé au centre des assiettes. Creusez un puits au milieu et mettez-y la salade de courgettes. Décorez de brins de basilic. Servez la confiture d'échalotes à part, dans des ramequins.

*Une entrée printanière accompagnée d'un délicieux condiment !*

**Ingrédients** (pour 4 personnes)

- 5 fines tranches de jambon blanc
- 3 petites courgettes
- 7 à 8 belles échalotes (500 g)
- 1 bouquet de basilic
- 10 cl de vin blanc sec
- 5 cl de vinaigre de xérès
- 5 cuillères à soupe d'huile d'olive
- 3 cuillères à soupe de cassonade
- 1 cuillère à soupe de jus de citron
- 1 cuillère à café de moutarde forte
- 1 cuillère à café de concentré de tomate
- 1 pincée de piment de Cayenne
- 1 pincée de cumin moulu
- 1 pincée de girofle moulu
- 1 pincée de gingembre
- 1 pincée de cannelle

**VIN CONSEILLÉ**

*Un beaujolais-villages.*

Préparation : 45 minutes | Repos: aucun | Cuisson : 25 minutes | Réalisation : facile | Coût : bon marché

# Tartelettes au bleu *et aux poires*

## ›AU MARCHÉ

*L'Auvergne, région riche en pâtes persillées, propose des bleus réputés tels que le bleu d'Auvergne ou la fourme d'Ambert. Choisissez-les peu affinés car, en cuisant, l'arôme du fromage se développe et peut devenir trop envahissant. Légèrement plus corsé, le bleu des Causses peut aussi convenir. Donnez la préférence aux poires à chair fine et fondante (williams).*

## ›ASTUCE

*Gagnez du temps en achetant un rouleau de pâte brisée prêt à l'emploi.*



## ›CONSEIL

*À défaut de moules à tartelettes, préparez une grande tarte en disposant les lamelles de poires en rosace et en les bordant de miettes de bleu.*

**1** Préparez la pâte brisée : versez 200 g de farine dans une jatte. Ajoutez 100 g de beurre coupé en morceaux et 1 pincée de sel. Mélangez du bout des doigts jusqu'à obtention d'une consistance sableuse. Incorporez 1 jaune d'œuf et 3 cuillerées à soupe d'eau. Pétrissez rapidement. Mettez la pâte en boule et laissez-la reposer pendant 15 minutes.

**2** Pelez et épépinez 2 belles poires. Coupez-les en lamelles assez fines. Arrosez-les avec le jus d'1 citron pour les empêcher de noircir en s'oxydant.

**3** Préchauffez votre four à 200°C (thermostat 6/7). Dans un bol, battez en omelette 2 œufs et 1 jaune d'œuf. Ajoutez 20 cl de crème fraîche épaisse. Salez, poivrez.

**4** Étalez la pâte brisée sur le plan de travail fariné. Garnissez-en 4 moules à tartelettes beurrés. Piquez la pâte à la fourchette.

**5** Déposez une demi-poire au fond de chaque tartelette, en disposant les lamelles en éventail. Répartissez 100 g de bleu émietté. Versez dessus les œufs battus à la crème.

**6** Glissez les tartelettes dans le four. Faites-les cuire environ 25 minutes jusqu'à ce que le dessus soit bien doré. Démoulez-les. Servez-les chaudes, parsemées de baies roses.

*Une délicieuse complicité unit le fromage et les fruits...*

› *Ingrédients*
*(pour 4 personnes)*

- ✓ 2 belles poires
- ✓ 100 g de bleu
- ✓ 2 œufs + 2 jaunes
- ✓ 100 g de beurre
- ✓ 20 cl de crème fraîche épaisse
- ✓ 200 g de farine
- ✓ 1 citron
- ✓ sel, poivre, baies roses

›VIN CONSEILLÉ

*Un vin blanc liquoreux (jurançon) ou un vin d'Alsace (muscat ou gewurztraminer).*

*Préparation : 1 heure* | *Repos: aucun* | *Cuisson : 1 heure* | *Réalisation : assez facile* | *Coût : cher*

# Tatin aux poires *et foie gras*

## ›TOUR DE MAIN

*Pour mouler les tartelettes, attendez que les fruits caramélisés tiédissent un peu. Positionnez le disque de pâte sur le moule. Rentrez les bords à l'intérieur (bordez les fruits).*

## ›CONSEIL

*Utilisés pour la préparation des crèmes brûlées, les moules individuels en terre cuite vernissée conviennent très bien à la cuisson de ces petites tartelettes renversées.*



**1** Préparez la pâte brisée : dans une jatte, mettez 250 g de farine, 1 pincée de sel et 125 g de beurre en parcelles. Mélangez du bout des doigts jusqu'à obtention d'une consistance sableuse. Incorporez 1 jaune d'œuf et 3 cuillerées à soupe d'eau. Formez rapidement une boule de pâte.

**2** Préchauffez votre four à 210°C (thermostat 7).

**3** Beurrez et saupoudrez d'1 cuillerée à soupe de cassonade le fond et la paroi de chaque moule. Pelez et coupez les poires en lamelles assez épaisses. Disposez-les en rosace au fond des moules. Glissez-les dans le four et laissez caraméliser environ 30 minutes.

**4** Entre-temps, préparez la farandole de légumes : taillez en petits dés réguliers 1 poivron rouge, 1 poivron jaune, 1 carotte et 1 courgette. Faites-les étuver dans 40 g de beurre pendant environ 20 minutes. Salez, poivrez.

**5** Étalez la pâte. Découpez-la en 4 disques d'un diamètre un peu plus large que celui des moules. Piquez-les à la fourchette. Retirez du four les poires caramélisées. Recouvrez-les d'un disque de pâte. Remettez-les 30 minutes au four.

**6** Tranchez le foie gras en 4 escalopes. Posez une poêle antiadhésive sur feu moyen sans ajouter de matière grasse. Lorsqu'elle est bien chaude, mettez-y les escalopes. Laissez-les cuire environ 2 minutes sur chaque face. Salez, poivrez.

**7** Démoulez les tatins sur des assiettes. Posez une escalope de foie gras surmontée d'une lamelle de truffe fraîche sur chaque tarte. Entourez d'un cordon de petits légumes et servez aussitôt.

*Un magnifique équilibre entre fruits, foie gras et petits légumes.*

## › Ingrédients
(pour 4 personnes)

- ✓ 400 g de foie gras cru
- ✓ 4 poires
- ✓ 1 poivron rouge
- ✓ 1 poivron jaune
- ✓ 1 carotte
- ✓ 1 courgette
- ✓ 1 truffe fraîche
- ✓ 250 g de farine
- ✓ 165 g de beurre
- ✓ 1 jaune d'œuf
- ✓ 4 cuillères à soupe bombées de cassonade
- ✓ persil, sel, poivre

## › VIN CONSEILLÉ

*Un sauternes ou un jurançon moelleux.*

# Tatin d'endives *au chèvre*

## ›TOUR DE MAIN

*Pour préparer les endives, supprimez les feuilles extérieures abîmées. Incisez l'extrémité coupée de la racine pour prélever un petit cône, qui correspond à la partie dure et amère.*

## ›VARIANTE

*Essayez cette tarte avec de la marjolaine !*

**1** Mélangez 125 g de farine et 1/2 cuillerée à café de sel. Ajoutez 75 g de beurre doux en morceaux et travaillez avec le bout des doigts pour l'incorporer à la farine. Ajoutez un jaune d'œuf, 1 cuillerée à soupe de crème fraîche et 1 cuillerée à soupe de vin blanc sec, puis mélangez à la farine jusqu'à former une boule de pâte. Mettez au frais pendant 1 heure.

**2** Faites fondre 50 g de beurre salé dans une casserole et ajoutez 125 g de sucre. Laissez cuire sur feu moyen environ 5 minutes en surveillant. Dès qu'un caramel se forme, versez-le dans un moule à manqué chauffé et répartissez-le en tournant le moule.

**3** Épluchez et faites cuire les endives à la vapeur pendant 15 minutes. Égouttez-les dans une passoire. Préchauffez votre four à 180°C (thermostat 6).

**4** Rangez deux tiers des endives au fond du moule caramélisé, en les faisant remonter contre les parois. Émiettez le fromage de chèvre sur les endives et couvrez avec celles qui restent. Rabattez les endives.

**5** Étalez la pâte sur une surface farinée et découpez un cercle de même taille que le moule. Posez la pâte sur la tarte. Faites cuire au four pendant 25 à 30 minutes.

**6** Mélangez la crème fraîche restante à 2 cuillerées à soupe de vinaigre de vin, du sel et du poivre. Ajoutez les feuilles de sauge coupées en fine julienne. Servez la tarte avec cette sauce.

*En accompagnement d'un beau rôti de porc, proposez cette étonnante tarte !*

## › Ingrédients
(pour 6 personnes)

- ✓ 1 kg d'endives
- ✓ 1 fromage de chèvre affiné
- ✓ 125 g de farine
- ✓ 125 g de sucre
- ✓ 75 g de beurre doux
- ✓ 50 g de beurre salé
- ✓ 20 cl de crème fraîche
- ✓ 1 jaune d'œuf
- ✓ le jus d'1 citron
- ✓ 5 feuilles de sauge fraîche
- ✓ 2 cuillères à soupe de vinaigre de vin
- ✓ 1 cuillères à soupe de vin blanc
- ✓ sel, poivre

## › VIN CONSEILLÉ

*Un côtes-du-roussillon-villages.*

# Tomates cœur de figue
## *aux pignons*

### ›À SAVOIR

*Pour empêcher le caramel réservé de durcir, il suffit d'y ajouter 1 cuillerée à soupe d'eau froide. Il sera ainsi plus facile à utiliser pour caraméliser les pignons.*

### ›CONSEIL

*Privées de leur peau, les tomates sont devenues fragiles. Si elles commencent à s'affaisser, stoppez la cuisson avant son terme.*

**1** Incisez en croix les tomates et plongez-les 30 secondes dans une casserole d'eau frémissante. Sortez-les à l'aide d'une écumoire et rafraîchissez-les rapidement sous un filet d'eau froide. Pelez-les.

**2** Coupez un chapeau sur chaque tomate à environ 1/3 de sa hauteur. Évidez-les délicatement avec une petite cuillère et retournez-les sur du papier absorbant. Rincez les figues. Coupez-en 6 en petits morceaux, coupez les 2 dernières en deux.

**3** Dans une casserole, mettez 125 g de sucre et 3 cuillerées à soupe d'eau. Faites chauffer doucement et laissez cuire jusqu'à obtention d'un sirop épais à peine coloré. Versez la moitié de ce caramel dans une tasse et réservez.

**4** Dans la casserole, mettez les morceaux de figues avec le reste de caramel. Ajoutez 100 g de pignons grossièrement concassés et le romarin. Laissez cuire 10 minutes à feu doux.

**5** Préchauffez votre four à 180°C (thermostat 6). Garnissez les tomates avec les figues au caramel. Placez-les dans un plat allant au four et laissez cuire 10 minutes.

**6** Faites griller le reste des pignons à sec dans une poêle. Arrosez-les du caramel réservé. Dans chaque assiette, disposez une tomate et une moitié de figue crue. Entourez des pignons au caramel. Servez tiède.

*Entrée ensoleillée ou accompagnement brillant, à vous de choisir !*

## Ingrédients
(pour 4 personnes)

- 4 tomates bien rondes
- 8 figues
- 125 g de pignons de pin
- 125 g de sucre en morceaux
- 1 branchette de romarin

## VIN CONSEILLÉ

*Un vin rosé (demi-sec d'Anjou ou tavel des Côtes du Rhône).*

*Préparation : 1 heure 15* | *Repos : aucun* | *Cuisson : aucune* | *Réalisation : assez facile* | *Coût : assez cher*

# Tourteaux *à l'ananas*

## › CONSEIL

*Préparez les pinces de tourteaux, les fruits et la sauce quelques heures à l'avance (décortiquer le crabe est une opération longue qui exige un peu de patience). Mettez-les au réfrigérateur dans des boîtes hermétiques séparées. Au dernier moment, assemblez les divers ingrédients de la salade qui, de cette façon, sera servie très fraîche.*



## › TOUR DE MAIN

*Décortiquez les crabes en ayant soin d'éliminer tous les cartilages. N'hésitez pas à laisser quelques beaux morceaux entiers. Ils seront du plus bel effet, posés en vedette sur la salade !*

**1** À l'aide d'une pince à crustacés, cassez les pinces de crabe. Décortiquez-les soigneusement. Émiettez la chair et réservez au frais.

**2** Ôtez l'écorce de l'ananas et taillez la pulpe en fines tranches. Pelez à vif le pamplemousse. Prélevez les quartiers. Pelez 1 petit morceau de gingembre et taillez-le en fine julienne.

**3** Taillez le concombre en fins bâtonnets sans le peler. Coupez 2 oignons rouges en fines lamelles.

**4** Préparez la sauce : dans un bol, mélangez 2 cuillerées à café de moutarde forte, 1 cuillerée à soupe de vinaigre de vin et 1 cuillerée à soupe de jus de citron vert. Incorporez peu à peu 2 cuillerées à soupe d'huile d'olive et 5 cl de crème légère. Salez, poivrez. Battez le mélange avec un petit fouet pour émulsionner la sauce.

**5** Disposez tous les ingrédients dans un saladier : crabe, fruits et crudités. Salez, poivrez. Versez la sauce et mélangez délicatement. Ajoutez quelques brins d'estragon. Servez aussitôt.

*Croquante et fruitée, une salade au gingembre pleine de vitalité !*



## Ingrédients
(pour 4 personnes)

- 4 pinces de tourteaux cuites
- 1/3 d'ananas frais
- 1 pamplemousse rose
- 1 concombre
- 2 oignons rouges
- 1 petit morceau de gingembre frais
- 5 cl de crème légère
- quelques brins d'estragon
- 2 cuillère à café de moutarde forte
- 1 cuillère à soupe de vinaigre de vin
- 1 cuillère à soupe de jus de citron vert
- huile d'olive, sel, poivre

## VIN CONSEILLÉ

Choisissez un vin blanc aux notes citronnées (quincy), un riesling ou un rosé fruité du Roussillon.

# Poissons, coquillages et crustacés

*Préparation : 20 minutes* | *Marinade : 2 heures* | *Cuisson : 5 minutes* | *Réalisation : facile* | *Coût : assez cher*

# Brochettes de crevettes
## *à la badiane*

### ›TOUR DE MAIN

*Pas le temps pour la marinade ? Trichez en ajoutant 2 cuillerées de pastis à la recette et en remplaçant les étoiles de badiane par quelques pincées d'anis en poudre. Délayez le safran, salez, poivrez, enrobez les crevettes de ce mélange et grillez le tout.*

### ›ACCOMPAGNEMENT

*Un riz de type «thaï» sera parfait, nature ou agrémenté de petits dés de poivrons rouges et verts. Des germes de soja frais à peine sautés au wok donneront une touche d'originalité à votre repas.*

**1** Décortiquez les crevettes en conservant la tête et le dernier segment de carapace supportant la queue.

**2** Dans un bon mixer ou au marteau, concassez les 2 étoiles de badiane. Arrosez-les de 20 cl de vin blanc, de 2 cuillerées à soupe de pastis et délayez une dose de safran. Salez et poivrez.

**3** Dans un large plat, disposez les crevettes à moitié décortiquées. Arrosez-les de marinade, couvrez et laissez-les mariner 2 heures au frais.

**4** Une demi-heure avant de faire cuire vos brochettes, mettez à tremper les piques en bois dans de l'eau tiède pour éviter qu'elles ne brûlent ou qu'elles ne dessèchent à la cuisson et deviennent cassantes.

**5** Composez les brochettes en faisant passer les piques à travers la tête et la queue de chaque crevette. Piquez-en 4 par brochette.

**6** Sur une poêle grill ou sur la grille du barbecue légèrement huilée, disposez les brochettes et faites-les griller environ 2 minutes par face. Décorez de persil plat ou de coriandre fraîche et de rondelles de citron. Servez aussitôt.

*Savoureuses et légères pour la ligne, des crevettes au délicat parfum d'anis !*

**Ingrédients**
(pour 4 personnes)

- 32 grosses crevettes roses cuites
- 20 cl de vin blanc sec
- 2 cuillères à soupe d'apéritif anisé
- 1 dose de safran
- 2 étoiles de badiane (anis étoilé)
- sel, poivre
- persil plat ou coriandre fraîche (facultatif)

## VIN CONSEILLÉ

*Choisissez un vin blanc sec tel qu'un cheverny (vin de Loire), tentez un côtes-de-provence blanc ou, à défaut, un rosé bien frais : bandol ou tavel.*

*Préparation : 40 minutes* | *Marinade : 30 minutes* | *Cuisson : 20 minutes* | *Réalisation : assez facile* | *Coût : assez cher*

# Cabillaud *au lait de coco*

## › À SAVOIR

*Pour manipuler plus facilement les feuilles de bananier, placez-les dans un saladier, versez de l'eau bouillante dessus et égouttez-les. Si vous n'en trouvez pas, remplacez-les par de l'aluminium (vous perdrez cependant cette saveur très particulière que donne la feuille de bananier).*



**1** Découpez dans les feuilles de bananier 4 carrés de 20 cm environ. Repliez deux des extrémités de façon à former des barquettes. Maintenez-les à l'aide de piques en bois.

**2** Coupez 600 g seulement de cabillaud en cubes de 2 cm, mettez-les dans un saladier. Réservez la valeur d'une tasse à thé de lait de coco et versez le reste sur le cabillaud. Ajoutez 1 cuillerée à soupe de pâte de curry, 2 cuillerées à soupe de nam-pla et 1 cuillerée à café de sucre. Salez légèrement et laissez macérer au frais 30 minutes.

**3** Dans une poêle, faites cuire les crevettes coupées en morceaux dans 2 cuillerées à soupe d'huile pendant 5 minutes, avec 2 tiges de citronnelle fendues dans la longueur, 1/4 de poivron jaune en fines languettes, le jus d'1 citron vert et le reste de cabillaud coupé en cubes. Laissez refroidir et mixez l'ensemble avec 1 œuf et 8 feuilles de basilic. Salez et assaisonnez de poivre de Cayenne.

**4** Répartissez cette préparation dans les 4 barquettes de bananier. Égouttez les cubes de cabillaud de la marinade, répartissez-les dans les barquettes. Placez-les dans le panier d'un cuit vapeur. Laissez cuire 15 minutes. Procédez en deux fois si nécessaire.

**5** En fin de cuisson, arrosez le contenu de chaque barquette avec le lait de coco réservé. Prolongez la cuisson 2 minutes puis servez les papillotes décorées de cubes de poivron rouge.

*Un écrin exotique pour ce poisson aux parfums d'Asie.*

**› Ingrédients**
(pour 4 personnes)

- ✓ 750 g de filet de cabillaud
- ✓ 12 grosses crevettes décortiquées
- ✓ 300 g de lait de coco
- ✓ 1/4 de poivron rouge
- ✓ 1/4 de poivron jaune
- ✓ le jus d'1 citron vert
- ✓ 1 œuf
- ✓ 8 feuilles de basilic
- ✓ 2 feuilles de bananier
- ✓ 2 tiges de citronnelle (ou ciboule)
- ✓ 2 cuillères à soupe de nam-pla
- ✓ 1 cuillère à soupe de pâte de curry
- ✓ 1 /4 de cuillère à café de poivre de Cayenne
- ✓ huile d'arachide, sucre, sel, poivre

**›VIN CONSEILLÉ**

*Un vin de Loire (rosé d'Anjou ou blanc de Touraine).*

Préparation : 1 heure | Repos : aucun | Cuisson : 1 heure 30 | Réalisation : assez facile | Coût : bon marché

# Carpe *farcie*

### ›CONSEIL

*La carpe a parfois un petit goût de vase peu agréable. Pour éliminer ce risque, faites-la tremper pendant une heure dans de l'eau légèrement vinaigrée, puis frottez-la vigoureusement, tant à l'intérieur qu'à l'extérieur, dans cette eau avant de la rincer à l'eau claire.*

### ›VARIANTE

*Une recette typique et surprenante, que vous pouvez rendre plus classique en supprimant le sucre des ingrédients. Ajoutez dans ce cas du vin blanc dans le court-bouillon.*



**1** Rincez soigneusement la carpe. Entaillez-la jusqu'aux arêtes dans le sens de la largeur à intervalles réguliers (tous les 5 cm environ) de chaque côté.

**2** Passez au mixeur la chair de brochet. Pelez 3 oignons. Hachez-en grossièrement deux, émincez le dernier et réservez-le. Faites blanchir les oignons hachés à l'eau bouillante environ 5 minutes. Égouttez-les et ajoutez-les au hachis de poisson. Épépinez les poivrons et coupez-les en dés. Faites-les blanchir également et incorporez-en la moitié à la farce. Ajoutez 4 cuillerées à soupe de sucre, 3 cuillerées à soupe d'amandes en poudre et une bonne quantité de poivre concassé. Salez et mélangez.

**3** Trempez le pain azyme dans l'eau. Écrasez-le à la fourchette et incorporez-le à la farce. Battez les 2 œufs en omelette et ajoutez-les au mélange. Farcissez-en la carpe en garnissant bien les extrémités. Si l'ouverture est très large, faites quelques points avec de la ficelle alimentaire pour la refermer et éviter que la farce s'échappe à la cuisson.

**4** Dans une grande marmite à poisson, déposez la carpe sur la grille intégrée. Parsemez des dés de poivrons réservés, de l'oignon émincé et saupoudrez de 4 cuillerées de sucre. Pelez les 2 carottes et coupez-les en rondelles. Ajoutez-les dans la marmite.

**5** Couvrez d'eau juste à hauteur du poisson. Faites cuire à feu très doux en maintenant, sous la marmite à moitié couverte, un simple frémissement pendant 1 heure 30.

**6** Sortez le poisson de la marmite grâce à la grille amovible. Posez-le sur le plat de service, arrosez-le du jus d'un citron, décorez-le de rondelles taillées dans le second citron et déposez les légumes du court-bouillon dans le plat de service. Servez la carpe chaude ou froide, et découpez-la en suivant les incisions.

*Étonnante et savoureuse, découvrez la fameuse recette de la carpe sucré-salée originaire d'Europe de l'Est.*

## › Ingrédients
(pour 4 personnes)

- ✓ 1 carpe d'environ 1,2 kg vidée, écaillée et nettoyée
- ✓ 2 poivrons rouges
- ✓ 300 g de filet de brochet
- ✓ 3 oignons
- ✓ 2 carottes
- ✓ 2 œufs
- ✓ 2 citrons
- ✓ 1 galette de pain azyme
- ✓ 8 cuillères à soupe de sucre
- ✓ 3 cuillères à soupe d'amandes en poudre
- ✓ sel, poivre concassé

## › VIN CONSEILLÉ

*Un tokay hongrois, un tokay pinot gris alsacien ou un blanc de Touraine.*

*Préparation : 30 minutes* | *Macération : 15 minutes* | *Cuisson : 15 minutes* | *Réalisation : facile* | *Coût : cher*

# Curry de gambas *aux mangues*

**›ASTUCE**

*Utilisez des gambas crues surgelées et laissez-les décongeler plusieurs heures dans le jus de citron vert.*

**›CONSEIL**

*Dosez le curry en fonction de vos goûts et de votre tolérance aux épices : certaines poudres sont beaucoup plus relevées que d'autres !*

**1** Décortiquez les gambas en conservant l'extrémité de la queue. Mettez-les dans un plat creux avec du sel, du poivre et le jus d'1 citron vert. Laissez-les macérer 15 minutes au frais.

**2** Pelez les 2 oignons et émincez-les. Pelez le morceau de gingembre et taillez la pulpe en fines lamelles. Pelez la mangue, coupez-la en tranches puis en dés réguliers.

**3** Faites chauffer 3 cuillerées à soupe d'huile dans une grande poêle. Égouttez les gambas et saisissez-les rapidement jusqu'à ce qu'elles deviennent roses. Retirez-les et mettez-les de côté sur une assiette. À leur place, faites sauter les oignons et le gingembre quelques minutes sur feu assez vif.

**4** Ajoutez les dés de mangue, les gambas, leur jus de macération et 1 cuillerée à café de curry en poudre. Rectifiez l'assaisonnement. Mélangez délicatement et laissez mijoter 5 minutes sur feu doux pour lier les saveurs. Transvasez dans un plat. Parsemez de feuilles de coriandre ciselées. Servez très chaud.

*Légère et colorée, une fricassée de crevettes sauvages pleine d'exotisme !*

**Ingrédients**
(pour 4 personnes)

- ✓ 28 gambas crues de taille moyenne
- ✓ 1 belle mangue
- ✓ le jus d'1 citron vert
- ✓ 2 oignons moyens
- ✓ quelques brins de coriandre
- ✓ 1 petit morceau de gingembre frais
- ✓ 1 cuillère à café de curry en poudre
- ✓ huile, sel, poivre

## VIN CONSEILLÉ

*Optez pour un vin blanc ou rosé de caractère (coteaux-du-languedoc, côtes-du-ventoux ou côtes-du-luberon), ou servez un vin d'Alsace (riesling).*

Préparation : 30 minutes | Repos : aucun | Cuisson : 15 minutes | Réalisation : assez facile | Coût : assez cher

# Curry de langoustines *à l'ananas*

## ›ACCOMPAGNEMENT

*En Thaïlande, le curry se sert généralement avec du riz gluant. Faites tremper 3 poignées de riz gluant dans de l'eau fraîche pendant 12 heures, puis faites-le cuire 20 minutes à la vapeur.*

## ›CONSEIL

*Dosez la force du curry en fonction de vos goûts et de ceux de vos invités. Le dosage indiqué correspond à un plat épicé, mais supportable pour les palais européens !*

## ›TOUR DE MAIN

*Pour détacher la chair de l'ananas, un couteau à pamplemousse sera le bienvenu ! Pensez à retirer les «yeux» qui restent dans la pulpe avant de la découper en cubes.*



**1** Plongez les langoustines dans un grand faitout d'eau bouillante salée. Laissez frémir 3 minutes, égouttez-les et laissez refroidir. Décortiquez les queues de langoustines et ôtez le boyau noir qui se trouve le long de la queue.

**2** Coupez l'ananas en deux dans le sens de la hauteur et retirez la pulpe sans abîmer l'écorce. Découpez la chair en gros cubes en supprimant la partie dure qui se trouve au centre. Lavez le poivron, retirez le pédoncule et les graines. Taillez la chair en lanières. Ciselez le basilic.

**3** Ouvrez la noix de coco. Récupérez le lait et découpez la pulpe en copeaux. Nettoyez 4 ciboules en les gardant entières. Pelez et émincez 1 oignon et 2 gousses d'ail.

**4** Faites chauffer 10 cl d'huile dans un wok. Jetez-y les ciboules, l'oignon et l'ail et faites sauter le tout sur feu vif pendant 2 minutes. Ajoutez le basilic, les lanières de poivron, les cubes d'ananas et 2 cuillerées à soupe de pâte curry. Poursuivez la cuisson sur feu vif pendant encore 5 minutes.

**5** Ajoutez les queues de langoustines, le lait de coco et les copeaux de pulpe de coco. Couvrez, laissez mijoter 5 minutes.

**6** Faites tiédir les 2 moitiés d'ananas évidées à four doux ou au micro-ondes. Versez le curry de langoustines à l'intérieur et servez aussitôt.

*Un classique de la cuisine exotique présenté en vrai plat de fête !*

**Ingrédients** (pour 4 personnes)

- 20 langoustines crues
- 1 ananas
- 1 petite noix de coco fraîche
- 1 poivron vert
- 4 ciboules
- 1 oignon
- 2 gousses d'ail
- 10 feuilles de basilic chinois
- 2 cuillères à soupe de pâte curry verte ou jaune
- 10 cl d'huile

**VIN CONSEILLÉ**

*Proposez un vin blanc d'Alsace comme le méconnu muscat ou le plus classique gewurztraminer.*

Préparation : 35 minutes | Repos : aucun | Cuisson : 1 heure 10 | Réalisation : assez facile | Coût : bon marché

# Filets de truite *à l'orange*

## ›AU MARCHÉ

*Demandez à votre poissonnier de lever les filets de truite à votre place, en lui précisant de leur conserver la peau et de vous réserver têtes et parures. À défaut de truites saumonées, remplacez-les par des truites communes, de l'espadon ou du turbot.*

## ›CONSEIL

*Couvrez à peine d'eau les ingrédients du fumet pour qu'il soit très concentré en goût.*

## ›TOUR DE MAIN

*Cette recette ne présente guère d'autre difficulté que celle de la réalisation de la sauce à l'orange. Ce type de sauce montée au beurre gagne à attendre 1 ou 2 minutes avant d'être servie afin d'être plus onctueuse et, surtout, il faut en napper l'assiette froide et non le filet de poisson.*

**1** Tranchez les truites par le ventre et videz-les. Tranchez le dos et levez les filets. Réservez les parures pour la réalisation du fumet. Prélevez 1 belle cuillerée de zeste fin sur une petite orange puis pressez-la.

**2** Préparez les légumes du fumet : pelez la carotte et tronçonnez-la. Épluchez l'oignon et coupez-le en quartiers, ainsi que les tomates. Taillez le céleri branche en bâtonnets.

**3** Concassez les parures de truite et disposez-les dans une casserole. Couvrez d'eau. Plongez les légumes dans la casserole, 3 feuilles de basilic et un peu de sel. Faites mijoter 1 heure à feu doux et réservez.

**4** Étalez 50 g de farine dans une assiette et salez légèrement. Passez les filets de truite épongés dans la farine côté chair et côté peau. Secouez les filets en les tapotant pour faire tomber l'excédent de farine.

**5** Faites fondre 10 g de beurre dans une grande poêle. Lorsqu'il est bien chaud, faites dorer les filets sur feu moyen environ 3 minutes par face, en commençant par le côté peau. Réservez les filets au chaud, jetez la graisse de cuisson.

**6** Déglacez la poêle avec le jus d'orange, 20 cl de vin blanc et 20 cl de fumet. Jetez-y les zestes d'orange. Faites réduire sur feu vif jusqu'à ce qu'il ne reste pas plus d'une petite louche de liquide. Incorporez hors du feu 50 g de beurre en morceaux. Rectifiez l'assaisonnement et servez avec les filets.

*Légères et acidulées, des portions de truite un brin canailles !*

**Ingrédients**
(pour 4 personnes)

- ✓ 2 truites saumonées de 600 g chacune
- ✓ 3 tomates
- ✓ 1 orange non traitée
- ✓ 1 branche de céleri
- ✓ 1 carotte
- ✓ 1 oignon
- ✓ 60 g de beurre
- ✓ 50 g de farine
- ✓ 20 cl de vin blanc sec
- ✓ 3 feuilles de basilic, sel

## VIN CONSEILLÉ

*Couvrez à peine d'eau les ingrédients du fumet pour qu'il soit très concentré en goût.*

# Homard *aux pois gourmands*

## ›CONSEIL

*Conservez les pois gourmands croquants pour préserver leur saveur ainsi que leurs vitamines.*

## ›ASTUCE

*Prenez garde de ne pas vous faire éclabousser par la queue du homard en le plongeant la tête la première dans l'eau bouillante. Ne le faites pas cuire trop longtemps car sa chair se dessèche. Comptez 7 à 8 minutes pour les homards de 500 à 750 g et 10 minutes pour ceux qui pèsent un kilo.*

**1** Prélevez le zeste d'une orange, puis coupez-le en julienne. Mettez la julienne dans une casserole et couvrez-la d'eau froide. Portez à ébullition pour la blanchir et rincez. Pressez les oranges. Coupez l'oignon et le céleri en morceaux. Épluchez les pois gourmands. Hachez l'ail.

**2** Ébouillantez les homards pendant 5 minutes à l'eau salée, puis rafraîchissez-les sous de l'eau froide. Séparez les coffres des queues. Décortiquez les homards.

**3** Faites suer l'oignon et le céleri dans 1 cuillerée à soupe d'huile d'olive pendant 3 minutes, puis ajoutez les coffres pour les faire revenir pendant 2 minutes. Ajoutez le jus d'orange et complétez d'eau pour mouiller à hauteur. Laissez mijoter pendant 30 minutes, puis filtrez le jus.

**4** Dans une poêle à feu vif, faites revenir l'ail haché dans 2 cuillerées à soupe d'huile d'olive pendant 1 minute. Ajoutez les spaghetti crus et faites-les revenir durant 2 minutes, puis ajoutez 1 litre d'eau, du sel et du poivre. Laissez cuire 15 minutes ou jusqu'à ce qu'il ne reste plus d'eau.

**5** À feu vif, saisissez pendant 2 minutes les morceaux de homard dans 1 cuillerée à soupe d'huile d'olive et réservez au chaud. Déglacez la poêle avec le jus filtré et laissez réduire 5 minutes. Faites cuire les pois gourmands à la vapeur pendant 5 minutes.

**6** Servez le homard sur un lit de pâtes et de pois gourmands, arrosez de sauce et parsemez de baies rouges et de zestes d'orange.

*Une belle association élégante et savoureuse.*



**Ingrédients**
*(pour 4 personnes)*

- ✓ 4 homards de 500 g
- ✓ 500 g de pois gourmands
- ✓ 250 g de spaghetti
- ✓ 2 oranges sanguines
- ✓ 1 oignon
- ✓ 1 branche de céleri
- ✓ 1 bouquet garni
- ✓ 1 gousse d'ail
- ✓ 4 cuillères à soupe d'huile d'olive
- ✓ 1 cuillère à soupe de baies rouges
- ✓ sel, poivre

**VIN CONSEILLÉ**

*Un tokay d'alsace.*

*Préparation : 30 minutes* | *Réfrigération : 2 heures* | *Cuisson : 5 minutes* | *Réalisation : facile* | *Coût : assez cher*

# Huîtres en gelée *de pamplemousse*

### ›AU MARCHÉ

*Choisissez des huîtres creuses, moyennes ou grosses pour laisser de la place à la gelée. Les normandes seront tendres et subtiles ; les bretonnes apporteront un goût iodé affirmé et une chair pansue. L'huître «grasse» n'existe pas, même quand elle est laiteuse ! Elle est riche en protéines bien équilibrées, en vitamines et en sels minéraux : iode, magnésium, phosphore et c'est une véritable mine de fer.*

### ›ASTUCE

*Si vous devez conserver les huîtres quelques jours, demandez des algues au poissonnier ou enveloppez-les dans un torchon humide. Placez-les dans le bas du réfrigérateur.*



**1** Préchauffez votre four à 180°C (thermostat 6). Étalez le gros sel sur la lèchefrite du four. Disposez les huîtres fermées dessus, partie bombée dessous, bien calées par le gros sel.

**2** Glissez 5 minutes au four. Au besoin, procédez en deux fois. Retirez les huîtres ouvertes. Remettez quelques minutes celles qui sont encore fermées.

**3** Enlevez la coquille supérieure de chaque huître. Détachez la chair au-dessus d'une passoire garnie d'une gaze pour recueillir l'eau des coquillages. Réservez la chair des huîtres.

**4** Faites tremper les feuilles de gélatine dans l'eau froide. Versez l'eau des huîtres filtrée dans une casserole. Pressez le jus des pamplemousses et ajoutez-le dans la casserole.

**5** À l'aide d'un zesteur, prélevez les zestes de citron. Réservez. Égouttez la gélatine en la pressant avec les doigts. Mettez-la dans la casserole et chauffez doucement en fouettant jusqu'à dissolution complète de la gélatine, puis filtrez.

**6** Laissez tiédir la gelée. Disposez les coquilles d'huîtres dans les assiettes. Remettez un mollusque dans chacune d'elles. Répartissez la gelée au pamplemousse dans chaque coquille. Décorez de zestes de citron et de quelques baies roses, poivrez au moulin. Mettez au frais 2 heures au réfrigérateur.

*Une entrée raffinée, régal de saveur marine pour un palais de gourmet.*

**Ingrédients**
(pour 4 personnes)

- 24 huîtres
- 2 feuilles de gélatine
- 2 pamplemousses roses
- 1 citron vert non traité
- 1 cuillère à café de baies roses
- poivre blanc du moulin
- 1 paquet de gros sel

### VIN CONSEILLÉ

*Un bourgogne blanc (chablis ou aligoté) ou un champagne brut.*

*Préparation : 45 minutes* | *Repos : aucun* | *Cuisson : 35 minutes* | *Réalisation : assez facile* | *Coût : assez cher*

# Langoustines *aux jeunes carottes*

### ›TOUR DE MAIN

*À l'aide de ciseaux, découpez la carapace de façon à pouvoir extraire la chair crue des queues de langoustines. Puis, au couteau, fendez la chair en deux dans la longueur en laissant intacte l'extrémité de la queue.*





### ›CONSEIL

*Ne jetez pas les coffres et les pattes des langoustines. Mettez-les de côté pour préparer un fumet avec 1 blanc de poireau, 1 carotte et 1 oignon hachés. Mouillez d'eau à hauteur, ajoutez 1 bouquet garni et du poivre. Laissez cuire 30 minutes, filtrez. Laissez refroidir avant d'utiliser pour pocher un poisson ou d'autres crustacés.*

**1** Grattez et lavez les carottes. Taillez-les en rondelles biseautées. Faites-les cuire à la vapeur jusqu'à ce qu'elles soient «al dente» (environ 10 minutes). Réservez au chaud.

**2** Préparez les langoustines. Séparez les têtes des queues. Découpez les carapaces et prélevez la chair crue des queues. Fendez-les en deux dans la longueur.

**3** Pelez et émincez 3 échalotes. Dans une poêle, faites fondre 30 g de beurre. Mettez-y les échalotes, laissez-les blondir 5 minutes sur feu doux puis retirez-les. Ajoutez 1 cuillerée à soupe d'huile d'olive et posez les langoustines crues dans la poêle. Faites-les dorer 2 minutes par face sur feu moyen. Salez, poivrez.

**4** Déglacez avec 5 cl de vin blanc. Ajoutez les échalotes et laissez mijoter 5 minutes sur feu doux.

**5** Ajoutez les carottes et 10 cl de crème légère. Rectifiez l'assaisonnement, mélangez délicatement et laissez cuire 2 minutes sur feu doux pour lier les saveurs. Transvasez dans un plat creux chauffé. Parsemez de brins d'estragons et d'une cuillerée à soupe de ciboulette hachée. Servez aussitôt.

*Légères et délicates, ces « demoiselles des mers » font bon ménage avec les tendres carottes !*

**Ingrédients**
(pour 4 personnes)

- 24 langoustines
- 600 g de carottes nouvelles
- 3 échalotes
- 5 cl de vin blanc sec
- 30 g de beurre
- 1 cuillère à soupe d'huile d'olive
- 10 cl de crème liquide
- quelques brins d'estragon
- 1 cuillère à soupe de ciboulette hachée
- sel, poivre

**VIN CONSEILLÉ**

*Proposez un vin blanc vif et frais (riesling ou muscadet-sur-lie).*

Préparation : 30 minutes | Réfrigération : 30 minutes | Cuisson : 8 minutes | Réalisation : facile | Coût : assez cher

# Lieu *aux noix de pécan*

### ›VARIANTE

*À défaut de noix de pécan, utilisez des amandes, des noisettes, ou des fruits secs qui se marieront aussi parfaitement avec le poisson.*

### ›TOUR DE MAIN

*Pour concasser les noix de pécan, utilisez un robot ou mettez les noix dans un petit sac en plastique alimentaire puis écrasez-les avec un rouleau à pâtisserie.*

**1** Découpez les filets de lieu en petits tronçons. Dans un bol, mélangez le jus de 2 citrons avec du sel et beaucoup de poivre. Versez-le sur les filets de lieu, couvrez et réservez au frais pendant 30 minutes.

**2** Pelez et dénoyautez les avocats. Découpez la chair en cubes et mettez-les dans un saladier avec le jus d'1 citron. Pelez et épépinez les tomates. Découpez la chair en dés. Nettoyez et émincez finement 4 oignons. Ajoutez les dés de tomates et les oignons, du sel et du poivre dans le saladier. Mélangez et réservez au frais.

**3** Concassez les noix de pécan jusqu'à obtention d'une poudre de la consistance de la semoule. Versez cette panure dans une assiette creuse et ajoutez-lui 1 pointe de couteau de piment de Cayenne.

**4** Roulez les morceaux de lieu bien égouttés dans la panure aux noix de pécan. Faites chauffer une grande poêle sur feu moyen. Versez 2 cuillerées à soupe d'huile d'arachide et faites dorer les morceaux de lieu pendant 6 à 8 minutes selon leur épaisseur en les retournant à mi-cuisson.

**5** Répartissez les morceaux de lieu panés chauds dans les assiettes de service. Ajoutez la salade bien fraîche et quelques feuilles de coriandre rincées.

*Un plat inédit pour amateurs de cuisine légère et surprenante !*

**Ingrédients** (pour 4 personnes)

- 800 g de filet de lieu
- 100 g de noix de pécan
- 4 tomates
- 2 avocats
- 4 oignons nouveaux
- 3 citrons
- 12 brins de coriandre fraîche
- 2 cuillères à soupe d'huile
- piment de Cayenne
- sel, poivre

**VIN CONSEILLÉ**

*Un vin blanc frais comme le chablis ou le muscadet accompagneront agréablement ce plat.*

# Nage de Saint-Jacques
## *citronnelle - vanille*

### ›CONSEIL

*La vanille et la citronnelle, dont l'arôme assez prononcé accompagne volontiers crustacés et poissons, doivent être utilisées avec mesure pour ne pas risquer de neutraliser le goût des coquillages.*

### ›VARIANTE

*Remplacez les Saint-Jacques par des langoustines ou du homard.*



**1** Pelez 1 carotte, 2 branches de céleri et 1 concombre. Taillez-les, ainsi que le vert des courgettes, en forme de gros spaghetti. Faites-les cuire séparément à l'eau bouillante salée en prenant soin de les garder croquants.

**2** Ouvrez les coquilles. Prélevez et nettoyez les noix. Détachez les barbes et rincez-les soigneusement.

**3** Émincez la deuxième carotte, le reste de céleri, le blanc de poireau, l'oignon, l'échalote et la gousse d'ail. Mettez-les dans une casserole avec les barbes de Saint-Jacques. Mouillez avec 15 cl de vin blanc et 20 cl d'eau. Ajoutez 6 feuilles de citronnelle et 3 brins de thym citronné. Portez à ébullition. Écumez et laissez frémir 30 minutes. Filtrez au chinois. Faites infuser 1 gousse de vanille dans la nage.

**4** Prélevez le zeste des 2 citrons. Taillez-les en julienne. Faites-les confire avec 10 cl d'eau et 20 g de cassonade.

**5** Coupez les noix en deux dans l'épaisseur. Pochez-les dans la nage. Sortez-les aux premiers frémissements ainsi que la vanille.

**6** Émulsionnez la nage en lui incorporant 30 g de beurre. Ajoutez le jus des citrons. Salez, poivrez.

**7** Répartissez les escalopes de Saint-Jacques dans 4 assiettes creuses. Versez dessus la nage bien homogène. Agrémentez de spaghetti de légumes et de julienne de citron. Servez aussitôt.

*Laissez-vous charmer par les saveurs inédites de cette nage aux épices !*

**Ingrédients**
(pour 4 personnes)

- 12 grosses coquilles Saint-Jacques
- 2 carottes longues
- 4 branches de céleri
- 1 concombre long
- 2 courgettes longues
- 1 blanc de poireau
- 1 oignon moyen
- 1 échalote
- 1 gousse d'ail
- 15 cl de vin blanc sec
- 6 feuilles de citronnelle
- 3 brins de thym citronné
- 1 gousse de vanille Bourbon
- 2 citrons (jaune + vert)
- beurre, cassonade
- sel, poivre

**VIN CONSEILLÉ**

*Un gewurztraminer, aux notes épicées.*

*Préparation : 15 minutes* | *Repos : aucun* | *Cuisson : 15 minutes* | *Réalisation : facile* | *Coût : assez cher*

# Papillote de saumon *aux agrumes*

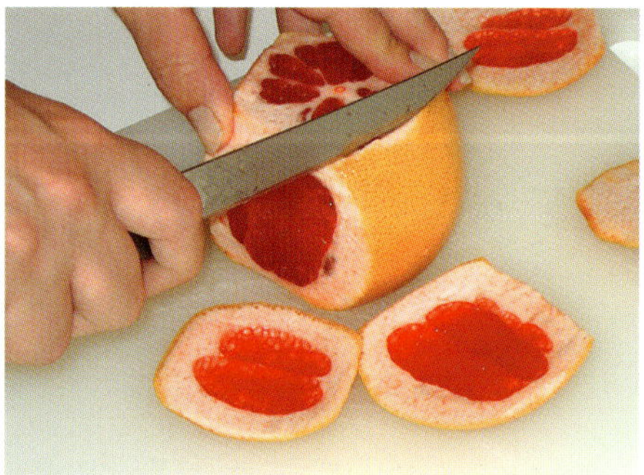

## › DÉCORATION

*Décorez ce plat de quelques feuilles de coriandre fraîche et incorporez une mignonnette de baies roses dans la sauce. Servez les papillotes fermées pour garder le poisson au chaud et dans son jus.*

## › TOUR DE MAIN

*Repliez le papier sur les ingrédients. À l'avant de la papillote, faites un pli serré vers vous, puis un autre dans l'autre sens, et ainsi de suite en alternant, jusqu'à arriver au poisson. Pliez les deux côtés de la même manière et repliez en dessous du poisson pour finir. N'oubliez pas de huiler le papier avant d'y déposer vos ingrédients.*

## › VARIANTE

*Pensez à mélanger le saumon à du poisson blanc : ajoutez un petit filet de sole par papillote, par exemple.*

**1** Découpez le filet de saumon en tranches de 2 à 3 cm d'épaisseur. Assaisonnez-les de sel et de poivre. Coupez les pointes de 8 asperges vertes et faites-les cuire à l'eau bouillante salée en les gardant légèrement croquantes. Rafraîchissez à l'eau froide, puis égouttez.

**2** Rincez le citron et prélevez son zeste à l'aide d'un économe. Coupez-le en julienne et faites-le blanchir, puis rincez-le à l'eau froide. Pressez le citron. Pelez à vif 1 pamplemousse et 2 oranges en récupérant le plus de jus possible.

**3** Préchauffez votre four à 210°C (thermostat 7). Découpez 4 morceaux de papier sulfurisé et badigeonnez-les d'huile d'olive sur la moitié. Placez sur chaque morceau de papier des quartiers d'oranges et de pamplemousse, ainsi que des pointes d'asperges.

**4** Posez par-dessus des tranches de saumon et saupoudrez de julienne de zeste de citron. Fermez la papillote. Mélangez 150 g de crème fraîche au jus d'agrumes selon votre goût et assaisonnez de sel et de poivre.

**5** Enfournez les papillotes 15 minutes. Servez-les dès la sortie du four, accompagnées de la crème aux agrumes.

*Une bouchée de fraîcheur alliant fruits de la mer et du soleil.*

› **Ingrédients**
(pour 4 personnes)

- ✓ 600 g de filet de saumon
- ✓ 8 asperges vertes
- ✓ 1 pamplemousse
- ✓ 2 oranges
- ✓ 1 citron non traité
- ✓ 150 g de crème fraîche
- ✓ huile d'olive
- ✓ sel, poivre

**›VIN CONSEILLÉ**

*Un bourgogne aligoté.*

*Préparation : 50 minutes* | *Macération : 1 heure* | *Cuisson : 20 minutes* | *Réalisation : assez facile* | *Coût : assez cher*

# Pétoncles et asperges *aux fruits secs*

### ›CONSEIL

*À défaut de très fines asperges, faites cuire seulement des pointes bien vertes. Vérifiez leur tendreté avec la pointe d'un couteau. Pochez-les à l'eau bouillante ou cuisez-les à la vapeur.*

### ›À SAVOIR

*Présentez les pétoncles avec leur corail !*

**1** Une heure à l'avance, faites macérer les raisins secs dans 2 cuillerées à soupe de porto. Concassez grossièrement les pistaches décortiquées.

**2** Lavez les pétoncles dans plusieurs eaux. Égouttez et ouvrez-les. Détachez les noix à l'aide d'un petit couteau tranchant. Rincez-les sous l'eau puis épongez-les avec du papier absorbant. Réservez.

**3** Coupez l'extrémité des queues des asperges et grattez-les à l'aide d'un petit couteau. Plongez-les dans une casserole d'eau bouillante salée. Faites-les cuire 5 minutes à petits frémissements puis égouttez-les avec une écumoire. Réservez-les au chaud. Lavez et hachez quelques brins d'aneth.

**4** Versez 25 cl de crème légère dans une petite poêle. Faites bouillir sur feu doux puis incorporez les raisins au porto, les pistaches concassées et l'aneth. Salez, poivrez. Laissez réduire quelques minutes.

**5** Entre-temps, faites chauffer 1 cuillerée à soupe d'huile d'olive dans une poêle antiadhésive. Mettez-y les pétoncles. Saisissez-les 1 minute sur chaque face. Salez, poivrez.

**6** Égouttez les pétoncles puis remettez-les dans la poêle. Hors du feu, ajoutez les asperges et la crème aux fruits secs. Mélangez délicatement, juste pour lier les saveurs. Répartissez dans 4 assiettes et servez aussitôt.

*Peu caloriques, pétoncles et asperges offrent une subtile harmonie !*

**Ingrédients** (pour 4 personnes)

- 2 kg de pétoncles
- 1 kg de fines asperges vertes
- 40 g de raisins secs
- 40 g de pistaches décortiquées
- 25 cl de crème légère
- 2 cuillères à soupe de porto
- quelques brins d'aneth
- huile d'olive, sel, poivre

**VIN CONSEILLÉ**

*Un vin blanc vif et aromatique (riesling, muscat sec ou hermitage).*

*Préparation : 30 minutes* | *Repos : aucun* | *Cuisson : 25 minutes* | *Réalisation : assez facile* | *Coût : assez cher*

# Rougets grillés *au pastis*

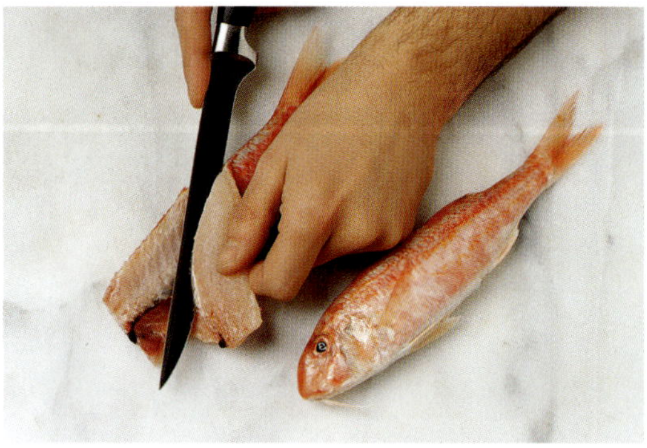

## ›CONSEIL

*Vous pouvez réaliser cette recette avec des filets de rouget. Vous éliminerez ainsi une bonne partie des arêtes, dont le rouget n'est pas avare ! Diminuez très nettement le temps de cuisson des filets (environ 2 minutes par face).*

## ›À SAVOIR

*Un plat idéal à préparer au barbecue ! Placez la grille bien haut pour éviter que les poissons ne brûlent. Dans tous les cas, n'écaillez jamais un poisson que vous ferez griller, la peau le protégeant de la chaleur vive.*



**1** Préparez la marinade. Rincez la branche de fenouil. Coupez-la en petits tronçons et mettez-les dans un plat creux. Avec un pilon (ou un fond de verre), écrasez les morceaux de fenouil. Salez, poivrez, et arrosez de 8 cuillerées à soupe d'huile d'olive. Salez, poivrez, mélangez et laissez mariner 1 heure.

**2** Préparez la concassée de poivron. Ébouillantez la tomate, pelez-la, épépinez-la et coupez-la en petits morceaux. Rincez, équeutez, épépinez et coupez le poivron en petites lamelles. Pelez la gousse d'ail, dégermez-la et hachez-la. Rincez, séchez et hachez le persil. Dénoyautez les olives noires, coupez-les en morceaux en réservant quelques moitiés d'olives entières.

**3** Dans une sauteuse, faites chauffer 2 cuillerées à soupe d'huile d'olive. Faites confire les poivrons et l'ail à feu moyen pendant 5 minutes, puis ajoutez les olives, la tomate, les graines de fenouil et la dose de safran. Salez, poivrez et laissez mijoter sur feu très doux 10 minutes environ, puis ajoutez le persil. Versez la concassée de poivron sur le plat de service et réservez au chaud.

**4** Videz les rougets. Badigeonnez-les avec l'huile d'olive marinée et farcissez-les avec les morceaux de fenouil.

**5** Faites chauffer à feu vif une poêle-gril. Déposez-y les rougets et faites-les cuire 5 minutes par face. Faites chauffer dans une petite casserole le pastis. Posez les rougets sur le plat de service. Décorez des demi-olives.

**6** Apportez sur la table le plat de rougets, versez le pastis brûlant sur les poissons et flambez-les immédiatement avec une allumette devant vos convives.

De moelleux petits rougets flambés au parfum anisé et leur concassée de poivron.

› Ingrédients
(pour 4 personnes)

- 4 rougets moyens de 180 à 200 g
- 1 branche de fenouil frais
- 1 tomate
- 1 petit poivron rouge
- 2 cuillères à soupe d'olives noires
- 5 cl de pastis
- 10 cuillères à soupe d'huile d'olive
- 1 dose de safran
- 1 gousse d'ail
- brins de persil plat
- quelques graines de fenouil
- sel, poivre

› VIN CONSEILLÉ

Un hermitage blanc ou un bergerac sec.

# Saint-Jacques
## *aux châtaignes et pommes*

### › À SAVOIR

*Tout comme les céréales, les châtaignes contiennent des sucres lents qui, assimilés en douceur par l'organisme, apportent une énergie de longue durée. Dans certaines régions pauvres, on appelait autrefois le châtaigner « l'arbre à pain » car ses fruits, séchés et réduits en farine, constituaient la base de l'alimentation.*

### › TOUR DE MAIN

*Incisez les châtaignes en pratiquant une large fente de part et d'autre du fruit. Entaillez profondément l'écorce pour inciser en même temps la peau fine qui recouvre la chair.*

**1** Incisez les châtaignes. Faites-les blanchir 5 minutes dans de l'eau bouillante. Égouttez-les et pelez-les (ôtez l'écorce et la peau fine).

**2** Portez à ébullition 1,5 litre d'eau salée additionnée d'1 cuillerée à café de graines de fenouil. Plongez-y les châtaignes pelées. Laissez-les cuire environ 15 minutes à petits frémissements, jusqu'à ce qu'elles soient tendres à cœur. Égouttez-les.

**3** Rincez les noix et coupez-les en deux dans le sens de l'épaisseur. Faites fondre 40 g de beurre dans une grande poêle. Mettez-y les Saint-Jacques. Laissez-les cuire 5 minutes sur chaque face. Salez, poivrez. Poursuivez la cuisson sur feu très doux jusqu'à ce que les noix commencent à caraméliser.

**4** Entre-temps, pelez 2 pommes et coupez-les en petits cubes. Faites-les revenir dans une sauteuse avec 25 g de beurre. Ajoutez les châtaignes cuites. Faites sauter l'ensemble quelques minutes sur feu doux. Incorporez 10 cl de crème liquide. Poivrez, mélangez délicatement et laissez mijoter 5 minutes.

**5** Répartissez la préparation aux châtaignes et aux pommes sur 4 assiettes chaudes. Au-dessus, disposez les Saint-Jacques en dôme. Déglacez la poêle sur feu vif avec 8 cl de vinaigre balsamique. Versez le jus réduit en cordon autour des châtaignes et des noix. Servez aussitôt.

*Savourez l'accord surprenant de fruits d'automne et de fruits de mer !*

**Ingrédients**
*(pour 4 personnes)*

- 20 noix de Saint-Jacques
- 600 g de châtaignes
- 2 pommes
- 65 g de beurre
- 10 cl de crème liquide
- 8 cl de vinaigre balsamique
- 1 cuillère à café de graines de fenouil
- sel, poivre

**VIN CONSEILLÉ**

*Servez un sancerre blanc.*

Préparation : 20 minutes | Repos : aucun | Cuisson : 10 minutes | Réalisation : facile | Coût : assez cher

# Saumon mille-feuille
## *beurre d'orange*

### › VARIANTE
*Mettez les morceaux de beurre au congélateur afin que le beurre soit très froid lorsque vous l'incorporerez dans la sauce. Vous augmenterez vos chances de réussir cette sauce délicate.*

### › ACCOMPAGNEMENT
*Ce plat, idéal en entrée, prendra facilement l'ampleur d'un plat de résistance si vous le servez élégamment sur un lit de jeunes pousses d'épinards fondues au beurre avec une pointe d'ail et de noix de muscade.*



**1** Préchauffez le four à 180°C (thermostat 6). Épluchez et hachez l'échalote. Découpez le beurre en morceaux et gardez-le au frais.

**2** À l'aide d'un coupe-pâte de 8 à 10 cm de diamètre, découpez 16 ronds de feuilles de brick. Badigeonnez-les d'huile d'olive et enfournez-les 6 minutes.

**3** Avec un couteau bien aiguisé, prélevez des tranches minces de saumon, puis découpez des cercles à l'aide d'un coupe-pâte de 8 à 10 cm de diamètre. Étalez-les sur une plaque anti-adhésive huilée à l'huile d'olive. Badigeonnez le saumon d'huile d'olive, salez et poivrez.

**4** Sur feu vif, faites réduire 15 cl de jus d'orange avec l'échalote hachée, du sel et du poivre jusqu'à ce qu'il n'en reste qu'environ 3 cuillerées à soupe. Sur feu doux et sans faire bouillir, ajoutez le beurre peu à peu en émulsifiant à l'aide d'un fouet. Gardez au chaud au bain-marie.

**5** Enfournez le saumon pendant 5 minutes. Construisez les mille-feuilles en empilant les tranches de saumon et les feuilles de brick. Servez accompagné de sauce au beurre à l'orange en saucière.

*Une douceur à la présentation très élégante en un temps record !*

**Ingrédients**
(pour 4 personnes)

- 400 g de filet de saumon
- 1 échalote
- 15 cl de jus d'orange
- 4 feuilles de brick
- 160 g de beurre
- huile d'olive, sel, poivre

**VIN CONSEILLÉ**

*Un chablis ou un savennières.*

Préparation : 25 minutes | Repos : aucun | Cuisson : 40 minutes | Réalisation : facile | Coût : assez cher

# Soupe de moules *à l'orange*

## ›CONSEIL

*Même avec des fruits non traités, n'oubliez surtout pas de bien frotter la peau des agrumes à l'eau courante avant de prélever le zeste.*

## ›TOUR DE MAIN

*Rectifiez toujours l'assaisonnement de vos plats juste avant de servir, mais goûtez-les avant d'ajouter du sel, surtout pour ce plat-ci : le jus de cuisson des moules est déjà bien salé.*

**1** Grattez et lavez les moules dans plusieurs eaux. Épluchez et hachez finement 2 échalotes et mettez-les dans une cocotte avec 30 cl de vin blanc. Ajoutez les moules, couvrez et laissez cuire 5 minutes. Faites-les sauter une ou deux fois pendant la cuisson pour que toutes soient bien ouvertes. Filtrez le jus de cuisson.

**2** Sortez les moules de leur coquille. Épluchez 2 carottes et coupez-les en julienne. Épluchez 3 pommes de terre et coupez-les en dés. Lavez 1 poireau et détaillez le blanc en julienne. Enveloppez 3 brins de persil, 3 brins de thym et 2 feuilles de laurier dans une feuille verte de poireau pour réaliser le bouquet garni.

**3** À l'aide d'un couteau économe, prélevez des bandes de zeste de 2 oranges et coupez-les en julienne. Dans une casserole, couvrez le zeste d'eau froide et amenez à ébullition. Égouttez et rincez sous l'eau froide. Pressez le jus des fruits.

**4** Dans un faitout, faites fondre 25 g de beurre. Ajoutez le poireau, les carottes et les pommes de terre et faites-les suer pendant 5 minutes à feu doux, en remuant de temps en temps.

**5** Mesurez le jus de cuisson des moules et complétez avec de l'eau pour obtenir 1 l de bouillon. Versez sur les légumes et laissez cuire 20 à 25 minutes avec le bouquet garni.

**6** Ajoutez 15 cl de crème liquide, le jus des oranges et 1 dose de safran en poudre. Laissez réduire 5 minutes. Incorporez les moules dans le potage et poivrez. Servez rapidement.

*Servez cette soupe lors d'un repas à la fois léger et frais !*

**Ingrédients** (pour 4 personnes)

- 1,5 kg de moules
- 2 oranges non traitées
- 3 pommes de terre
- 1 poireau
- 2 carottes
- 2 échalotes
- 30 cl de vin blanc sec
- 15 cl de crème liquide
- 25 g de beurre
- 3 brins de thym
- 3 brins de persil
- 2 feuilles de laurier
- 1 dose de safran
- sel, poivre

**VIN CONSEILLÉ**

*Un gewurztraminer.*

*Préparation : 50 minutes* | *Macération : 3 heures* | *Cuisson : aucune* | *Réalisation : facile* | *Coût : assez cher*

# Tartare de poisson *à la mangue*

## › AU MARCHÉ

*Choisissez des filets de poisson blanc à chair ferme (cabillaud, perche de mer, daurade, rascasse ou lotte). Le thon frais donne également de bons résultats gustatifs mais sa belle couleur vire au gris quand il a mariné dans le citron.*

## › VARIANTE

*Remplacez la mangue par de petits cubes d'avocat et l'oignon frais par des cives ou un bel oignon rouge. Pour égayer le plat, parsemez-le de petits dés de poivron jaune ou rouge.*

## › DÉCORATION

*Poudrez le bord des assiettes de curry en poudre tamisé à travers une passoire fine.*

**1** Pressez 5 citrons verts et recueillez leur jus. Rincez les filets de poisson sous l'eau puis épongez-les. Posez-les sur une planche et retirez toutes les arêtes à l'aide d'une pince à épiler. Taillez-les en lanières puis coupez-les en petits cubes réguliers. Mettez-les dans une jatte, arrosez-les avec le jus de citron et faites macérer 3 heures au réfrigérateur.

**2** Lavez et essorez 1 petit bouquet de coriandre. Réservez quelques brins pour la décoration et ciselez les feuilles avec des ciseaux. Lavez et émincez finement le bulbe et la tige de 2 oignons nouveaux. Réservez au frais.

**3** Pelez 2 mangues. Taillez-les en petits cubes. Lavez et essuyez 12 tomates cerise. Coupez-les en petits dés. Réservez.

**4** Égouttez les cubes de poisson de la marinade au citron vert. Mettez-les dans une jatte avec les oignons et la coriandre. Salez et poivrez. Ajoutez les cubes de mangue, les dés de tomates cerise et 1/2 cuillerée à café de curry en poudre. Arrosez de 2 cuillerées à soupe d'huile d'olive. Mélangez délicatement.

**5** Pelez la troisième mangue et découpez-la en fines lamelles. Taillez 1 citron vert en rondelles. Disposez le tartare de poisson en dôme au centre des assiettes. Décorez avec des lamelles de mangue, du citron vert et quelques brins de coriandre. Servez très frais.

*L'alliance du poisson cru mariné et de la mangue : un « must » de l'été !*

**› Ingrédients** (pour 4 personnes)

- ✓ 600 g de filets de poisson
- ✓ 3 mangues
- ✓ 2 oignons nouveaux (avec tige)
- ✓ 12 tomates cerise
- ✓ 6 citrons verts
- ✓ 1 bouquet de coriandre
- ✓ 1/2 cuillère à café de curry en poudre
- ✓ huile d'olive, sel, poivre

**›VIN CONSEILLÉ**

*Un verre de gewurztraminer ou, si vous surveillez votre ligne, de l'eau fraîche additionnée d'une rondelle de citron vert.*

# Thon *aux oignons confits*

## ›CONSEIL

*Laissez les papillotes dans le four seulement 7 minutes pour une cuisson saignante, 12 à 15 minutes pour un poisson bien cuit. Attention, les fours à gaz en particulier n'ont pas toujours une température très précise.*

## ›ACCOMPAGNEMENT

*Du riz nature et des asperges vertes cuites à la vapeur.*

1 Faites tremper 2 feuilles de laurier dans 5 cl de vin blanc sec. Épluchez les 4 oignons et émincez-les grossièrement.

2 Dans une grande poêle, faites fondre 25 g de beurre avec 3 cuillerées à soupe d'huile d'olive. Mettez-y les oignons avec 1 cuillerée à soupe de graines de coriandre, 1 cuillerée à soupe de poivre noir en grains et 1 cuillerée à soupe de poivre vert. Faites suer à feu doux pendant 15 minutes jusqu'à ce que les oignons soient tendres et confits.

3 Préchauffez votre four à 180°C (thermostat 6).

4 Ajoutez 6 cuillerées à soupe de vinaigre balsamique et faites-le s'évaporer sur feu moyen quelques minutes en remuant. Réservez.

5 Découpez 2 grandes feuilles de papier sulfurisé ou de papier d'aluminium. Huilez-les légèrement, déposez une tranche de thon sur chacune. Salez légèrement et recouvrez d'oignons confits. Versez la moitié du vin blanc sec et 1 feuille de laurier dans chaque papillote.

6 Refermez les papillotes et enfournez pour environ 10 minutes (cuisson à point).

*Les papillotes s'ouvrent sur une chair succulente et bien relevée...*

**Ingrédients**
*(pour 4 personnes)*

- 2 tranches de thon de 400 g
- 4 gros oignons paille
- 25 g de beurre
- 5 cl de vin blanc sec
- 1 cuillère à soupe de graines de coriandre
- 1 cuillère à soupe de poivre vert en grains
- 1 cuillère à soupe de poivre noir en grains
- 6 cuillères à soupe de vinaigre balsamique
- 2 feuilles de laurier
- huile d'olive, sel

**VIN CONSEILLÉ**

*Choisissez un vin blanc ou rouge des côtes-de-provence ou des coteaux-d'aix-en-provence.*

Préparation : 15 minutes | Repos : aucun | Cuisson : 20 minutes | Réalisation : facile | Coût : assez cher

# Truites *aux amandes*

## › L'AMANDE

*Bien connue en pâtisserie, l'amande s'accorde aussi avec les plats salés, notamment ceux à base de poisson. La cuisine du Moyen-Orient en donne de délicieux exemples. On y dit d'ailleurs que manger des amandes apporte la sagesse...*

## › VARIANTE

*À défaut d'amandes, préparez les truites « à la meunière » : nappez-les de beurre fondu additionné de jus de citron et de persil haché.*

## › ACCOMPAGNEMENT

*Faites cuire de petites pommes de terre à la vapeur ou du blé.*

**1** Rincez les truites sous l'eau courante. Essuyez-les soigneusement dans du papier absorbant. Salez-les, poivrez-les sur les deux faces puis farinez-les. Tapotez les poissons pour supprimer l'excédent de farine.

**2** Faites chauffer 3 cuillerées à soupe d'huile et 25 g de beurre dans une grande poêle, ovale de préférence. Lorsque le mélange commence à grésiller, posez les truites dans la poêle. Laissez-les cuire 5 à 7 minutes sur feu doux puis retournez-les délicatement. Faites-les dorer 5 à 6 minutes sur l'autre face.

**3** Entre-temps, lavez, essorez et broyez le persil au mixeur en réservant quelques brins pour la décoration. Pressez le citron. Dans une petite poêle, faites dorer les amandes dans 10 g de beurre en les surveillant attentivement pour qu'elles ne colorent pas trop.

**4** Une fois cuites, réservez les truites au chaud sur un plat. Faites fondre le reste du beurre dans la poêle. Quand il commence à mousser, ajoutez le persil, le jus de citron et les amandes. Salez, poivrez. Laissez chauffer quelques instants.

**5** Nappez les truites avec le jus de cuisson au persil et aux amandes. Décorez le plat de service de brins de persil et de fines tranches de citron cannelées. Servez très chaud.

*Classique et très apprécié, un plat de poisson élégant et simple à réaliser.*

› *Ingrédients*
*(pour 4 personnes)*

- ✓ 4 truites
- ✓ 125 g d'amandes effilées
- ✓ 1 bouquet de persil
- ✓ 50 g de farine
- ✓ 3 cuillères à soupe d'huile
- ✓ 125 g de beurre
- ✓ 1 citron
- ✓ sel, poivre

## ›VIN CONSEILLÉ

*Un mâcon blanc (dont les arômes rappellent un peu l'amande) ou un pouilly-fumé frais.*

# Viandes et volailles

*Préparation : 15 minutes* | *Repos : aucun* | *Cuisson : 1 heure 10* | *Réalisation : facile* | *Coût : bon marché*

# Carré de porc *aux pêches*

## › DÉCORATION

*Manchonnez le carré, c'est-à-dire nettoyez les extrémités des côtes pour la présentation. Délimitez la taille des manchons, tranchez et décollez la chair qui adhère avec la pointe d'un couteau, puis coupez la viande dégagée. Grattez pour bien nettoyer.*

## › TOUR DE MAIN

*Pour « habiller » un carré de porc, commencez par décoller les os qui gênent l'accès aux vertèbres avec la lame d'un couteau désosseur. Enlevez la première vertèbre en longeant l'os de l'articulation. Glissez la pointe du couteau entre les vertèbres suivantes et dégagez-les des os des côtes. Avec la pointe, contournez l'articulation en taillant les nerfs puis sectionnez les attaches.*

**1** Épluchez les carottes et les oignons et coupez-les en dés avec le céleri. Faites fondre 2 cuillerées à soupe de miel dans le fond de veau et faites-le bouillir 5 minutes avec 1 branche de romarin. Laissez infuser 10 minutes. Assaisonnez de sel, de poivre, de 2 gouttes de Tabasco et d'1 cuillerée à soupe de jus de citron.

**2** Coupez les pêches en deux, ébouillantez-les puis rafraîchissez-les. Pelez-les et arrosez-les d'1 cuillerée à soupe de jus de citron.

**3** Préchauffez votre four à 240°C (thermostat 8). Assaisonnez le carré de porc et placez-le dans un plat à rôtir sur les légumes. Enfournez 10 minutes, puis baissez la température à 210°C (thermostat 7). Arrosez d'infusion au romarin.

**4** Laissez cuire 1 heure en arrosant régulièrement avec le jus de cuisson, puis posez les moitiés de pêches autour du carré et poursuivez la cuisson pendant encore 10 minutes.

**5** Sortez le carré du plat et enveloppez-le d'une feuille d'aluminium. Réservez les moitiés de pêches au chaud. Sur feu vif, déglacez le plat à rôtir et les légumes avec 10 cl de vin blanc en grattant bien le fond.

**6** Filtrez la sauce et rectifiez l'assaisonnement. Servez le carré entouré de pêches et arrosé de sauce.

*Une viande à la mode « sucrée-salée » comme on les aime…*

› Ingrédients
(pour 4 personnes)

- 1 carré de porc d'environ 1,2 kg
- 4 pêches
- 2 carottes
- 2 oignons
- 2 branches de céleri
- 30 cl de fond de veau
- 10 cl de vin blanc sec
- 2 cuillères à soupe de miel
- 2 cuillères à soupe de jus de citron
- 1 branche de romarin
- 2 feuilles de laurier
- tabasco, sel, poivre

### › VIN CONSEILLÉ

Un rully blanc.

Préparation : 45 minutes | Macération : 30 minutes | Cuisson : 3 heures | Réalisation : facile | Coût : assez cher

# Daube de marcassin
## aux abricots secs

### › AU MARCHÉ

*Vous trouverez le marcassin en octobre et novembre, avec son aîné le sanglier. Si vous choisissez ce dernier, sa viande, plus dure, nécessitera une demi-heure à une heure de cuisson de plus.*

### › CONSEIL

*Récupérez le pied de veau pour le servir en salade, désossé et coupé en dés.*



### › ACCOMPAGNEMENT

*Faites rissoler des petits losanges de polenta à la poêle.*

**1** Coupez la viande de marcassin en morceaux. Épluchez 2 carottes et 3 gousses d'ail et émincez-les. Enfermez 1 bâton de cannelle, le zeste d'une orange et les baies de genièvre dans une mousseline. Faites griller les amandes à la poêle ou au four.

**2** Versez 3 cuillerées à soupe de cognac sur les oreillons d'abricots séchés. Laissez macérer 30 minutes puis égouttez en réservant le cognac. Couvrez d'eau froide les lardons, amenez à ébullition et égouttez.

**3** Dans une cocotte en fonte, faites chauffer une cuillerée à soupe d'huile d'olive. Saisissez le marcassin à feu vif pendant 4 minutes. Ôtez les morceaux. Dans la cocotte, faites revenir les lardons, le pied de veau, l'oignon clouté, les carottes et l'ail pendant 5 minutes. Remettez la viande. Saupoudrez d'une cuillerée à soupe de farine. Ajoutez le cognac et remuez. Mouillez avec le vin rouge et le bouillon à la hauteur de la viande, ajoutez le bouquet garni et le sachet d'épices. Portez à ébullition, réduisez le feu et couvrez. Laissez mijoter au minimum 3 heures. Ajoutez les abricots après 2 heures de cuisson.

**4** Pelez les oignons. Mettez-les dans une sauteuse avec 2 cuillerées à café de beurre et 1 cuillerée à café de sucre. Salez, poivrez et couvrez d'eau. Faites cuire à couvert sur feu moyen pendant 5 minutes, puis terminez la cuisson à découvert jusqu'à ce que les oignons caramélisent.

**5** Nettoyez les champignons et coupez-les en quatre. Faites-les sauter dans une poêle à feu vif avec une demi-cuillerée à soupe d'huile d'olive pendant 5 minutes.

**6** Enlevez le pied de veau, le bouquet garni, le sachet d'épices et l'oignon clouté. Ajoutez les amandes, les petits oignons et les champignons et rectifiez l'assaisonnement.

*La douceur des abricots arrondit la riche saveur du gibier.*



**Ingrédients**
(pour 4 personnes)

- 900 g de marcassin
- 1/2 pied de veau
- 150 g de lardons
- 8 oreillons d'abricots séchés
- 1 botte de petits oignons
- 150 g de champignons de Paris
- 1 bouteille de vin rouge
- 100 g d'amandes émondées
- le zeste d'1 orange
- 1 oignon piqué de 2 clous de girofle
- 2 carottes
- 3 gousses d'ail
- 1 bouquet garni (thym et romarin frais, laurier, persil)
- 1 bâton de cannelle
- 1 cuillère à café de baies de genièvre
- 20 cl de bouillon de bœuf
- 3 cuillères à soupe de cognac
- farine, sucre, beurre
- huile d'olive, sel, poivre

**VIN CONSEILLÉ**

*Un fitou ou un cahors.*

Préparation : 45 minutes | Repos : aucun | Cuisson : 1 heure 10 | Réalisation : facile | Coût : assez cher

# Épaule d'agneau
## *aux abricots et pruneaux*

### ›CONSEIL

*Si vous souhaitez caraméliser l'épaule d'agneau pour la rendre encore plus appétissante et croustillante, n'hésitez pas à terminer la cuisson à four très chaud.*

### ›TOUR DE MAIN

*Prenez la précaution de strier au couteau la surface de l'épaule en entrecroisant les lignes. Ainsi, la chair cuira plus facilement. De la pointe du couteau, piquez également la viande crue en plusieurs endroits pour que les épices pénètrent mieux à l'intérieur et la parfument plus à cœur.*

**1** Mettez 100 g d'abricots secs à tremper dans un bol d'eau tiède. À l'aide d'un grand couteau, entaillez superficiellement les 2 épaules d'agneau.

**2** Faites chauffer 2 cuillerées à soupe d'huile d'arachide dans une cocotte. Mettez-y 2 oignons hachés, 2 bâtons de cannelle, 2 g de pistils de safran et 1/2 sachet de colorant jaune. Faites revenir l'ensemble 5 minutes sur feu vif. Ajoutez les épaules d'agneau. Retournez-les dans les épices pour bien les enrober.

**3** Sur la viande, versez 2 cuillerées à soupe d'huile d'olive et 2 cuillerées à soupe d'huile d'arachide. Ajoutez 1/2 cuillerée à café de gingembre moulu. Mouillez d'eau à hauteur. Laissez mijoter 30 minutes.

**4** Hachez finement 1 botte de coriandre et 1 botte de persil plat. Au bout de 30 minutes de cuisson, ajoutez-les sur la viande. Laissez mijoter encore 30 minutes.

**5** Dans une casserole, mettez 150 g de pruneaux, 20 cl d'eau, 1 bâton de cannelle et 1 citron taillé en rondelles. Ajoutez 50 g de sucre semoule. Portez à frémissement et laissez cuire jusqu'à ce que les pruneaux soient tendres. Égouttez les abricots. Faites-les dorer sur feu doux dans 25 g de beurre.

**6** Transférez l'agneau dans un plat. Passez la sauce au chinois au-dessus d'une casserole. Faites-la réduire sur feu vif. Incorporez 25 g de beurre en fouettant. Retirez du feu lorsque le beurre est fondu. Nappez la viande de sauce. Entourez d'abricots et de pruneaux.

*Un morceau de choix mitonné dans une onctueuse sauce au safran.*

## Ingrédients
(pour 6 personnes)

- 2 épaules d'agneau
- 150 g de pruneaux
- 100 g d'abricots secs
- 2 oignons
- 1 citron non traité
- 40 g de beurre
- 50 g de sucre semoule
- 1 botte de coriandre fraîche
- 1 botte de persil plat
- 3 bâtons de cannelle
- 2 g de pistils de safran
- 1/2 sachet de colorant jaune
- 1/2 cuillère à café de gingembre moulu
- 2 cuillères à soupe d'huile d'olive
- 4 cuillères à soupe d'huile d'arachide
- sel, poivre

## VIN CONSEILLÉ

*Un vin rouge d'Afrique du Nord.*

*Préparation : 30 minutes* | *Repos : aucun* | *Cuisson : 1 heure 30* | *Réalisation : facile* | *Coût : assez cher*

# Filet de veau *semoule aux pommes*

## ›AU MARCHÉ

*Le filet de veau est un morceau de choix qui se situe le long des vertèbres. C'est un muscle long, aux fibres courtes, qui est vendu en général bardé.*



**1** Épluchez 2 oignons et hachez-les finement. À l'aide d'un couteau économe, levez le zeste d'1 citron et découpez-le en petite julienne. Faites-le blanchir en le couvrant d'eau froide et en amenant à ébullition. Égouttez. Pressez les 2 citrons.

**2** Préchauffez le four à 120°C (thermostat 4). Lavez 2 pommes et coupez-les, entières, en fines tranches. Arrosez-les de jus de citron, étalez-les sur une plaque anti-adhésive et enfournez-les environ 30 minutes ou jusqu'à ce qu'elles soient sèches.

**3** Augmentez la température de votre four à 180°C (thermostat 6). Assaisonnez le filet de veau de sel et de poivre. Saupoudrez-le de paprika et frottez pour le faire pénétrer. Faites fondre 25 g de beurre dans une cocotte allant au four et faites colorer le veau de tous côtés.

**4** Retirez la viande et faites suer l'oignon quelques minutes. Replacez le veau, ajoutez 10 cl de fond de veau, couvrez et enfournez pour 45 minutes. Arrosez fréquemment.

**5** Assaisonnez les 25 cl de fond de veau restant d'1 cuillerée à café de thym, de sel et de poivre et ajoutez les raisins secs, 2 cuillerées à soupe de jus de citron et la moitié du zeste blanchi. Portez à ébullition.

**6** Versez cette préparation sur 250 g de semoule de blé et laissez gonfler 2 minutes. Faites cuire 4 minutes à feu doux en remuant à l'aide d'une fourchette pour détacher les grains. Incorporez 25 g de beurre.

**7** Retirez la viande et gardez-la au chaud. À feu vif, déglacez la cocotte avec 10 cl de vin blanc. Ajoutez 10 cl de crème fraîche et faites réduire. Filtrez la sauce, assaisonnez de jus de citron et ajoutez le zeste restant. Tranchez le filet de veau et servez-le sur un lit de semoule garni de pommes.

*Un régal : une viande tendre et sa semoule aux saveurs douces.*

› *Ingrédients*
*(pour 4 personnes)*

- ✓ 800 g de filet de veau
- ✓ 250 g de semoule
- ✓ 2 pommes
- ✓ 2 oignons
- ✓ 2 citrons
- ✓ 30 g de raisins secs
- ✓ 50 g de beurre
- ✓ 10 cl de crème fraîche
- ✓ 35 cl de fond de veau
- ✓ 10 cl de vin blanc
- ✓ 1 cuillère à café de thym
- ✓ paprika, sel, poivre

›VIN CONSEILLÉ

*Un valtellina ou un anjou rouge.*

*Préparation : 30 minutes* | *Macération : 3 heures* | *Cuisson : 15 minutes* | *Réalisation : facile* | *Coût : assez cher*

# Filet farci *aux pruneaux*

## ›CONSEIL

*Pour garder une viande bien moelleuse, veillez à ne pas piquer la viande quand vous la manipulez afin que son jus ne s'écoule pas.*



## ›TOUR DE MAIN

*Avant d'incorporer les jaunes d'œuf à la sauce, ajoutez-leur un peu de sauce chaude pour les mettre à la bonne température, puis versez ce mélange dans la sauce en remuant. Ne faites pas bouillir la sauce une fois les jaunes ajoutés.*

**1** Trois heures avant de préparer le plat, mettez les pruneaux dénoyautés à macérer dans 5 cuillerées à soupe d'eau de vie de prune. Posez 2 filets mignons de porc sur une planche à découper. Enfoncez un fusil à aiguiser les couteaux à l'intérieur, d'une extrémité à l'autre, de manière à créer une longue cavité.

**2** Coupez 50 g de beurre en très petits cubes. Pressez les pruneaux entre vos mains pour exprimer le jus de trempage. Farcissez chaque fruit avec un petit cube de beurre (réservez quelques pruneaux pour la sauce).

**3** Remplissez la cavité à l'intérieur de la viande avec les pruneaux farcis. Enfoncez-les du bout des doigts. Salez et poivrez uniformément les filets.

**4** Faites chauffer 1 cuillerée à soupe d'huile dans une casserole. Poêlez les filets quelques minutes pour les dorer légèrement. Ajoutez les pruneaux restants coupés en deux. Arrosez de 5 cl d'eau et de 15 cl de vin blanc. Incorporez 1 cube de bouillon de légumes. Couvrez et portez à ébullition. Laissez mijoter environ 10 minutes.

**5** Arrosez les filets de 20 cl de crème fraîche. Incorporez 2 jaunes d'œuf et 2 cuillerées à soupe d'eau de vie de prunes. Remuez sur feu doux pendant 3 à 4 minutes, jusqu'à ce que vous obteniez une belle sauce.

**6** Découpez les filets farcis en jolies tranches. Disposez-les sur un plat de service et nappez le plat de sauce aux pruneaux.

*Une étonnante et douce spécialité slave pour un repas d'hiver revigorant.*

**Ingrédients**
(pour 4 personnes)

- 2 filets mignons de porc
- 150 g de pruneaux dénoyautés
- 2 jaunes d'œuf
- 50 g de beurre
- 20 cl de crème fraîche
- 15 cl de vin blanc
- 7 cuillères à soupe d'eau de vie de prune
- 1 cube de bouillon de légumes
- 1 cuillère à soupe d'huile de tournesol
- sel, poivre

**VIN CONSEILLÉ**

*Un côtes-de-beaune.*

*Préparation : 10 minutes* | *Repos : aucun* | *Cuisson : 15 minutes* | *Réalisation : facile* | *Coût : assez cher*

# Foie de veau *aux framboises*

## ›VARIANTE

*Le foie de veau se marie bien avec la plupart des fruits : pommes et poires émincées et sautées au beurre, figues fraîches, mangue, raisin, etc. Les mûres aussi peuvent donner d'excellents résultats, ainsi que les griottes, au petit goût acidulé.*

## ›CONSEIL

*Le foie de veau se sert « rosé » et non « à point ». Cependant, pensez à demander l'avis de vos convives, certains préfèrent le foie un peu plus cuit.*

## ›ACCOMPAGNEMENT

*Proposez des tagliatelles fraîches liées au beurre ou un légume raffiné tel que des pois gourmands ou du chou romanesco.*

**1** Triez les framboises, équeutez-les sans les laver.

**2** Faites chauffer 3 cuillerées à soupe d'huile et 25 g de beurre dans une grande poêle. Lorsque le mélange commence à grésiller, mettez-y les tranches de foie de veau. Laissez-les cuire environ 5 minutes sur feu assez vif. Salez-les, poivrez-les puis retournez-les. Faites-les cuire encore 5 minutes sur l'autre face. Salez, poivrez.

**3** Retirez les tranches. Posez-les sur un plat en les maintenant au chaud sous une feuille d'aluminium.

**4** Jetez le gras de cuisson contenu dans la poêle. Posez-la sur feu vif et versez-y 3 cuillerées à soupe de vinaigre de framboise ainsi que 2 cuillerées à soupe d'eau. Laissez réduire 3 minutes en grattant à l'aide d'une spatule en bois afin de décoller les sucs. Ajoutez 1 cuillerée à soupe de miel. Laissez mijoter 1 minute en remuant.

**5** Hors du feu, ajoutez les framboises. Faites-les tourner quelques instants dans le jus de cuisson en imprimant un mouvement de rotation à la poêle. Disposez-les délicatement autour des tranches de foie. Nappez de jus. Servez aussitôt.

*Essayez cette alliance insolite et délicate mettant en valeur la finesse du foie de veau.*

**Ingrédients** (pour 4 personnes)

- 4 tranches de foie de veau
- 350 g de framboises
- 3 cuillères à soupe de vinaigre de framboise
- 3 cuillères à soupe d'huile
- 25 g de beurre
- 1 cuillère à soupe de miel
- sel, poivre

**VIN CONSEILLÉ**

Servez avec un cru du Beaujolais à la fois fruité et charpenté, tel qu'un morgon, un saint-amour ou un chiroubles.

# Foie de veau *jus caramélisé*

### ›CONSEIL

*Utilisez une sauce soja de bonne qualité et n'ayez pas la main trop lourde pour ne pas masquer la saveur délicate du foie de veau. Pour ceux qui n'aiment pas le gingembre, remplacez-le par la même quantité d'échalotes.*

### ›TOUR DE MAIN

*Avant de poêler le foie, parez-le en supprimant la peau ainsi que les petits nerfs. Farinez-le très légèrement et faites colorer jusqu'à ce que les tranches soient bien caramélisées.*

**1** Préchauffez votre four à 180°C (thermostat 6). Faites fondre 75 g de graisse de canard. Rincez 1 kg de petites pommes de terre. Tapissez une sauteuse de papier d'aluminium et versez dessus les pommes de terre sans les éplucher.

**2** Ajoutez la graisse de canard fondue, 1 gousse d'ail entière, 1 brin de thym et 1 feuille de laurier. Couvrez et enfournez pour 1 heure. Pendant ce temps, épluchez et hachez finement 50 g d'échalotes ainsi que 50 g de gingembre frais.

**3** Dans une sauteuse, faite fondre 25 g de beurre. Versez les échalotes et le gingembre, et faites suer environ 5 minutes à feu doux. Déglacez en ajoutant 50 cl de fond de veau et 2 cl de sauce soja. Laissez mijoter pendant 30 minutes à feu doux.

**4** Incorporez 125 g de beurre dans les échalotes petit à petit en fouettant sans arrêt. Réservez au chaud. Épluchez et émincez 250 g d'échalotes. Faites-les cuire doucement dans 75 g de beurre. Assaisonnez.

**5** Parez le foie de veau et coupez-le en tranches de 1 cm d'épaisseur. Assaisonnez de sel et de poivre, et poudrez les tranches d'un voile de farine.

**6** Faites fondre 25 g de beurre dans une poêle et faites colorer les tranches de foie de veau. Découpez chaque tranche en 5 médaillons et placez-les joliment en rosace sur une assiette avec les échalotes. Disposez les pommes de terre autour et nappez de la sauce au gingembre.

*Des saveurs exotiques pour mettre pleinement en valeur le foie de veau.*

## Ingrédients
(pour 4 personnes)

- 800 g de foie de veau
- 1 kg de petites pommes de terre
- 300 g d'échalotes
- 1 gousse d'ail
- 50 g de gingembre frais
- 250 g de beurre
- 75 g de graisse de canard
- 50 cl de fond de veau
- 2 cl de sauce soja
- laurier, thym
- farine, sel, poivre

## VIN CONSEILLÉ

*Un chinon jeune.*

Préparation : 1 heure | Macération : 1 heure | Cuisson : 25 minutes | Réalisation : facile | Coût : bon marché

# Fricassée de porc *riz aux pêches*

## ›CONSEIL

*Surveillez la cuisson du porc. Au besoin, ajoutez un peu d'eau si la marinade semble réduire un peu vite.*



## ›VARIANTE

*Cette fricassée de porc est délicieuse avec des mangues, qui s'accordent très bien avec le gingembre frais et le citron vert.*

1 Taillez la viande en cubes réguliers. Lavez 1 citron vert, coupez-le en fines rondelles puis en petits triangles.

2 Dans un plat creux, mélangez le jus de 2 citrons verts, les triangles de citron, 2 cuillerées à soupe de sauce soja, 1 piment oiseau et quelques tours de poivre du moulin. Pelez et râpez le gingembre au-dessus du plat. Ajoutez les cubes de viande. Tournez-les dans la marinade et laissez macérer 1 heure au réfrigérateur.

3 Plongez les pêches 3 minutes dans l'eau frémissante, égouttez-les, rafraîchissez-les et pelez-les. Ôtez le noyau, coupez-les en gros dés. Faites cuire le riz à l'eau bouillante salée (temps de cuisson indiqué sur le paquet). Égouttez-le.

4 Émincez les tiges vertes des oignons et laissez les bulbes entiers. Faites chauffer 2 cuillerées à soupe d'huile dans une sauteuse, mettez-y les bulbes et faites-les colorer sur feu moyen. Réservez-les. À leur place, faites dorer les cubes de viande égouttés, poudrez-les avec 1 cuillerée à soupe de cassonade et remettez les oignons. Laissez caraméliser 5 minutes en remuant.

5 Salez, poivrez, versez la marinade dans la sauteuse. Couvrez et laissez mijoter 25 minutes sur feu doux. Introduisez la moitié des dés de pêches en mélangeant délicatement 5 minutes avant la fin de la cuisson.

6 Faites chauffer 2 cuillerées à soupe d'huile dans une grande poêle. Mettez-y le riz, les tiges vertes émincées et le restant des pêches. Poivrez et faites sauter l'ensemble 5 minutes sur feu vif, en remuant souvent.

7 Transvasez le sauté de porc dans un plat chauffé. Parsemez de feuilles de coriandre. Servez le riz aux pêches à part.

*Un plat tout en contraste où les saveurs piquantes des aromates et des épices sont atténuées par la douceur des pêches.*

**Ingrédients** (pour 4 personnes)

- 800 g de porc
- 1 kg de pêches jaunes
- 200 g de riz parfumé
- 1 botte d'oignons nouveaux
- 3 citrons verts
- 1 morceau de gingembre frais (2 cm)
- 2 cuillères à soupe de sauce soja
- 1 cuillère à soupe de cassonade
- 4 cuillères à soupe d'huile
- 1 piment oiseau
- 1 petit bouquet de coriandre
- sel, poivre

**VIN CONSEILLÉ**

*Un côtes-du-rhône blanc ou rouge.*

Préparation : 20 minutes | Repos : aucun | Cuisson : 1 heure 35 | Réalisation : facile | Coût : assez cher

# Méchoui d'agneau *aux figues*

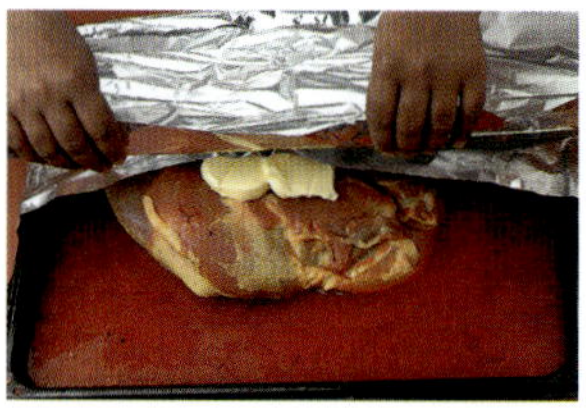

## ›TOUR DE MAIN

*Les Berbères préparent depuis des siècles le méchoui d'agneau. Le rôtisseur doit surveiller et entretenir soigneusement ses braises, au-dessus desquelles il va cuire son agneau entier sur une broche, en l'arrosant souvent avec du beurre fondu aux épices. Dans cette recette, l'agneau cuit au four donnera d'excellents résultats si vous pensez à l'arroser de sauce au safran tout au long de la cuisson.*

## ›CONSEIL

*On peut ajouter 1 sachet de colorant rouge à la sauce au safran pour donner au méchoui sa couleur rouge foncé caractéristique.*

**1** Dans une casserole remplie de 80 cl d'eau tiède, versez 1 cuillerée à café de safran, 1 cuillerée à café de cumin en poudre, 1 cuillerée à café de paprika, 1/2 cuillerée à café de poivre, 1 cuillerée à café de sel et 20 cl d'huile.

**2** Préchauffez votre four à 240°C (thermostat 8). Posez l'épaule d'agneau dans un grand plat à four. À l'aide d'une louche, arrosez-la de préparation au safran. Coupez 300 g de beurre en parcelles et disposez-les sur l'épaule d'agneau.

**3** Recouvrez l'épaule bien hermétiquement avec plusieurs feuilles de papier d'aluminium. Faites cuire pendant 1h30.

**4** Posez 12 figues sèches sur la planche à découper. Avec un petit couteau d'office, fendez-les sans les découper complètement en deux. Ouvrez légèrement les figues. Farcissez chacune avec un cerneau de noix.

**5** Peu avant de servir, faites chauffer un bain de friture à 180°C. Plongez-y les figues farcies et laissez-les dorer 5 minutes. Disposez l'épaule d'agneau dans un plat de service sur un lit de brins de menthe. Décorez avec les figues bien dorées.

*Un méchoui au four croustillant à l'extérieur et tendre à l'intérieur.*

**Ingrédients**
(pour 4 personnes)

- 1 épaule d'agneau
- 12 figues sèches
- 12 cerneaux de noix
- 6 brins de menthe
- 300 g de beurre
- 20 cl d'huile
- 1 cuillère à café de cumin en poudre
- 1 cuillère à café de paprika
- 1 cuillère à café de pistils de safran
- huile de friture, sel, poivre

**VIN CONSEILLÉ**

Un rouge de Gascogne.

*Préparation : 35 minutes* | *Marinade : 30 minutes* | *Cuisson : 10 minutes* | *Réalisation : facile* | *Coût : bon marché*

# Porc *à la chinoise*

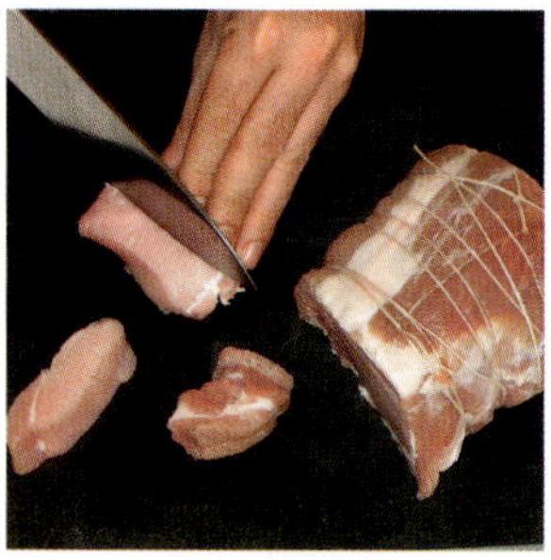

**›ASTUCE**

*Pour éviter que la sauce ne devienne gluante, ajoutez 1 cuillerée à soupe d'huile au moment de la réchauffer.*

**›TOUR DE MAIN**

*Réalisez la première friture de la viande à 180°C et la deuxième à 190°C.*



**›CONSEIL**

*Vous pouvez préparer à l'avance la sauce avec les légumes, ainsi que la viande jusqu'à la première friture.*

**1** Découpez le filet de porc en tranches de 2,5 x 3 x 2 cm. Mélangez-les avec 1/2 cuillerée à café de sel et 1 cuillerée à café de sauce soja et laissez mariner environ 30 minutes.

**2** Épluchez 1 oignon et coupez-le en gros dés. Épluchez et hachez 1 gousse d'ail. Épépinez 1/2 poivron rouge et 1/2 poivron vert et coupez-les en dés. Égouttez 100 g de morceaux d'ananas en boîte en récupérant le jus.

**3** Une fois la viande marinée, incorporez-lui 1 œuf battu. Faites chauffer l'huile de friture. Passez les morceaux de viande un par un dans 3 cuillerées à soupe de Maïzena. Faites frire les morceaux de porc pendant 1 minute. Égouttez sur du papier absorbant.

**4** Dans un bol, mélangez 2 cuillerées à café de Maïzena avec 4 cuillerées à soupe d'eau et 4 cuillerées à soupe de jus d'ananas. Ajoutez 3 cuillerées à soupe de vinaigre de riz, 4 cuillerées à soupe de sucre, 1 pincée de sel, 2 cuillerées à café de sauce de soja, 2 cuillerées à soupe de ketchup, 2 cuillerées à café de sauce anglaise Worcestershire, et 1 pincée de thym.

**5** Faites chauffer 1 cuillerée d'huile de tournesol dans un wok. Ajoutez l'ail et l'oignon et remuez 30 secondes. Incorporez les dés de poivrons et faites cuire à feu vif, en remuant, pendant 2 minutes. Salez légèrement, ajoutez les morceaux d'ananas. Ajoutez la sauce et portez à ébullition sur feu doux en remuant.

**6** Faites chauffer de nouveau l'huile de friture et faites frire la viande une deuxième fois pendant 3 minutes. Égouttez sur du papier absorbant. Versez la sauce chaude sur la viande et servez sans tarder.

*Un plat offrant une viande tendre et sa sauce très savoureuse.*

**› Ingrédients**
*(pour 4 personnes)*

- ✓ 500 g de filet de porc
- ✓ 1/2 poivron rouge
- ✓ 1/2 poivron vert
- ✓ 100 g d'ananas au naturel
- ✓ 1 oignon
- ✓ 1 gousse d'ail
- ✓ 1 œuf
- ✓ 2 cuillères à soupe de ketchup
- ✓ 2 cuillères à café de sauce Worcestershire
- ✓ 3 cuillères à café de sauce soja
- ✓ 3 cuillères à soupe de vinaigre de riz ou de vin
- ✓ huile, Maïzena, sucre
- ✓ bain de friture
- ✓ thym, sel, poivre

**›VIN CONSEILLÉ**

*Un chiroubles.*

Préparation : 50 minutes | Repos : aucun | Cuisson : 1 heure 10 | Réalisation : assez facile | Coût : assez cher

# Râble de lièvre *sauce chocolat*

## › TOUR DE MAIN

*Les râbles doivent être cuits « à la goutte de sang », c'est-à-dire juste cuits.*

## › VARIANTE

*Si vous utilisez des flageolets secs, n'oubliez pas de les faire tremper quelques heures et de prolonger légèrement leur cuisson.*

**1** Mettez les haricots dans une grande casserole avec 1 carotte pelée et coupée en morceaux, 1 oignon pelé, le bouquet garni et la branche de romarin. Couvrez d'eau froide. Portez à ébullition et laissez cuire pendant 50 minutes sur feu doux. Salez à mi-cuisson.

**2** Découpez le foie de lièvre en petits cubes. Mettez l'échalote pelée et émincée dans une petite casserole avec 20 cl de vin. Laissez cuire sur feu vif jusqu'à ce qu'il ne reste plus de liquide. Ajoutez 100 g de beurre, 2 cuillerées à soupe de cacao, 3 carrés de chocolat, 1 cuillerée à soupe de crème fraîche, 2 cuillerées à café de sucre, 3 gousses d'ail pelées et pressées, 1 cuillerée à soupe de vinaigre balsamique et le foie de lièvre. Portez à ébullition et faites réduire de moitié. Mixez, passez au tamis et rectifiez l'assaisonnement.

**3** Égouttez les flageolets et remettez-les dans la casserole avec 1 cuillerée à soupe de crème fraîche, du sel et du poivre. Mélangez et gardez au chaud sur feu très doux.

**4** Farinez légèrement les râbles de lièvre. Badigeonnez-les avec 30 g de beurre fondu. Faites chauffer une grande poêle et faites dorer les râbles de toutes parts sur feu vif. Baissez le feu, couvrez et laissez cuire 5 minutes. Pendant ce temps, réchauffez la sauce au chocolat sur feu doux.

**5** Dressez les assiettes avec les haricots et les râbles découpés en tranches. Nappez de sauce au chocolat.

*Un plat exceptionnel pour un repas de fête original !*

**Ingrédients**
(pour 4 personnes)

- 4 râbles de lièvre désossés
- 1 foie de lièvre
- 1 kg de flageolets frais
- 1 carotte + 1 oignon
- 1 échalote + 3 gousses d'ail
- 1 bouquet garni
- 1 branche de romarin frais
- 2 cuillères à soupe de cacao amer
- 3 carrés de chocolat noir
- 1 cuillère à soupe de crème fraîche
- 20 cl de vin rouge corsé
- 130 g de beurre
- 1 cuillère à soupe de vinaigre balsamique
- sucre, farine, sel, poivre

**VIN CONSEILLÉ**

*Un vin rouge puissant comme le châteauneuf-du-pape ou, plus original, un porto.*

Préparation : 40 minutes | Repos : aucun | Cuisson : 1 heure | Réalisation : assez facile | Coût : bon marché

# Ragoût de porc *à l'ananas*

## ›ACCOMPAGNEMENT

*Pour un accompagnement typique, servez de la christophine, un légume en forme de poire à l'écorce blanche ou verte. Après en avoir éliminé les piquants, épluchez-le comme une pomme de terre et retirez le noyau central. Coupez la chair en dés, faites-les blanchir 10 minutes puis faites-les sauter au beurre avec un peu d'ail haché. Complétez avec un gratin d'igname préparé à la manière d'une purée de pomme de terre gratinée.*

## ›CONSEIL

*Le piment doux, qu'on appelle aussi piment diététique, peut être ajouté dès le début de la cuisson car il dégage une saveur de piment mais ne pique pas. En revanche, le piment fort doit être incorporé dans les dernières 10 minutes de cuisson et retiré avant de servir. S'il éclatait en cours de cuisson, le ragoût ne serait plus consommable !*



**1** Épluchez et hachez 1 oignon. Ciselez 1 tige de cive. Hachez 1 botte de persil. Coupez 1 kg d'échine de porc en cubes. Épluchez 2 kg d'ananas, en veillant à éliminer tous les yeux d'écorce. Découpez la chair en petits cubes.

**2** Faites chauffer 2 cuillerées à soupe d'huile dans une cocotte. Faites-y rissoler les morceaux de porc durant 5 minutes. Ajoutez le piment doux, le persil, l'oignon, la cive, 2 clous de girofle, 1 pincée de quatre-épices, du sel et du poivre. Faites revenir 5 minutes.

**3** Préparez un caramel avec 4 cuillerées à soupe de sucre et 1 cuillerée à soupe d'eau. Lorsque le mélange commence à dorer, déglacez-le avec 10 cl de vinaigre. Faites cuire 2 minutes à feu doux en remuant. Versez dans le ragoût de porc.

**4** Mixez la moitié de l'ananas et incorporez la purée dans le ragoût de porc. Faites dissoudre 1 cube de bouillon de bœuf dans 15 cl d'eau et versez dans le ragoût. Couvrez et laissez cuire 20 minutes.

**5** Ajoutez dans le ragoût le piment fort et incorporez les dés d'ananas réservés. Laissez revenir encore 5 à 6 minutes à couvert, puis retirez le piment fort avant de servir.

*Un ragoût sucré-salé aux succulents arômes d'épices et de caramel.*



› Ingrédients
(pour 4 personnes)

- ✓ 1 kg d'échine de porc désossée
- ✓ 2 kg d'ananas
- ✓ 1 oignon
- ✓ 1 piment doux
- ✓ 1 piment fort
- ✓ 1 tige de cive
- ✓ 10 cl de vinaigre de vin rouge
- ✓ 1 botte de persil frisé
- ✓ 1 cube de bouillon de boeuf
- ✓ 1 pincée de quatre-épices
- ✓ 2 clous de girofle
- ✓ huile, sucre, sel, poivre

›VIN CONSEILLÉ

*Une bière blonde.*

*Préparation : 1 heure* | *Trempage : 2 heures* | *Cuisson : 2 heures* | *Réalisation : assez facile* | *Coût : bon marché*

# Rôti de porc farci *aux pruneaux*

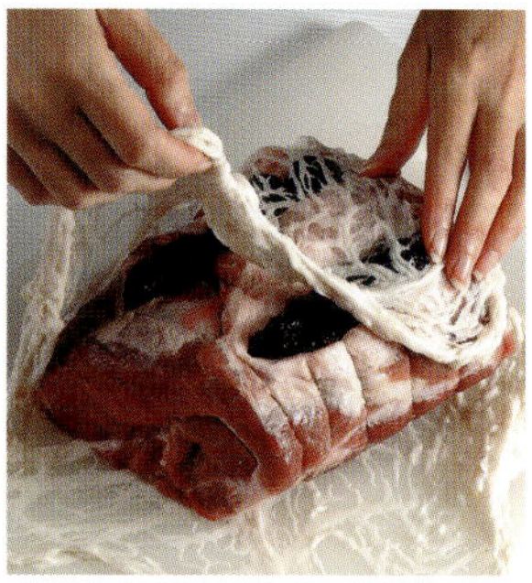

## › TOUR DE MAIN

*Fendez la viande sur presque toute la longueur, en 2 grandes incisions parallèles (à 2 centimètres l'une de l'autre). Glissez les pruneaux à l'intérieur en les alignant côte à côte pour que la farce soit équitablement répartie au milieu du rôti.*

## › CONSEIL

*Faites tremper les pruneaux la veille et gardez-les au réfrigérateur : ils seront encore plus moelleux.*

**1** Deux heures à l'avance, faites tremper 12 pruneaux dans 20 cl de vin rouge pour les réhydrater. Égouttez-les et dénoyautez-les (réservez le vin de macération).

**2** À l'aide d'un bon couteau, pratiquez 2 fentes parallèles dans l'épaisseur de la viande. Glissez 6 pruneaux dans chaque fente.

**3** Lavez la crépine à l'eau fraîche et essorez-la entre vos doigts. Étalez-la sur le plan de travail. Posez le porc farci au centre. Enveloppez-le dans la crépine et ficelez-le en rôti.

**4** Pelez 2 oignons et coupez-les en quatre. Faites-les revenir quelques minutes dans une cocotte contenant 2 cuillerées à soupe d'huile d'olive. Mettez-les de côté sur une assiette. À leur place, faites revenir le rôti sur feu moyen jusqu'à ce qu'il soit doré de toutes parts.

**4** Mettez les oignons autour du rôti. Ajoutez 2 gousses d'ail pelées et écrasées. Versez 5 cl d'armagnac sur la viande. Flambez avec une allumette. Salez, poivrez. Mouillez avec le vin de macération des pruneaux. Ajoutez 1 feuille de laurier et quelques brins de thym. Couvrez et laissez mijoter 2 heures sur feu très doux en arrosant souvent et en retournant la viande à mi-cuisson.

**5** Découpez le porc farci en tranches et présentez-les sur un plat. Servez aussitôt.

*Longuement mijoté, un porc aux pruneaux dans l'esprit du Sud-Ouest.*

**Ingrédients**
(pour 4 à 6 personnes)

- 1,2 kg d'échine de porc désossée
- 1 crépine de porc
- 12 pruneaux d'Agen
- 20 cl de vin rouge
- 2 oignons
- 2 gousses d'ail
- 5 cl d'armagnac
- 1 feuille de laurier
- quelques brins de thym
- huile d'olive, sel, poivre

**VIN CONSEILLÉ**

Choisissez un vin rouge du Bergeracois, au bouquet fin et généreux (bergerac ou côtes-de-bergerac).

# Rôti de sanglier *poire-cannelle*

## ›CONSEIL

*Au cours de la macération, tournez plusieurs fois la viande dans la marinade pour qu'elle s'imprègne bien des parfums du vin et des aromates.*



**1** La veille, préparez la marinade : pelez et émincez 2 carottes et 5 échalotes. Répartissez-les au fond d'un grand plat. Déposez les rôtis de sanglier dessus. Ajoutez 1 oignon piqué de 4 clous de girofle, 1 bâton de cannelle, 4 gousses d'ail pelées, 1 bouquet garni et 20 grains de poivre. Mouillez avec 1,5 litre de vin rouge, 15 cl de vinaigre et 5 cl d'huile d'olive. Laissez macérer 24 heures au frais.

**2** Le lendemain, pelez les poires en conservant la queue. Pochez-les 10 minutes dans 2 grandes casseroles contenant chacune 50 cl d'eau, 150 g de sucre semoule et le jus d'1/2 citron. Réservez hors du feu.

**3** Préchauffez votre four à 200°C (thermostat 6/7).

**4** Sortez les rôtis de la marinade et posez-les dans un grand plat. Salez-les, poivrez-les. Parsemez-les de 50 g de beurre. Placez un bâton de cannelle sur chaque pièce de viande. Glissez le plat dans le four.

**5** Au bout de 15 minutes, filtrez la marinade et versez-en 25 cl dans le plat. Enfournez de nouveau et laissez cuire 1h15. Arrosez régulièrement la viande en ajoutant chaque fois un peu de marinade.

**6** Égouttez les poires. Creusez-les et garnissez-les de plusieurs cuillerées d'airelles. Mettez-les dans un plat à four. Réservez.

**7** Une fois les rôtis cuits, posez-les sur une planche, couvrez-les de papier d'aluminium et laissez-les reposer 10 minutes. Entre-temps, faites réchauffer les poires au four.

**8** Versez le jus de cuisson des rôtis dans une casserole et faites-le réduire à plein feu pendant 5 minutes. Baissez le feu et liez la sauce avec le chocolat cassé en petits morceaux. Versez en saucière. Présentez les rôtis sur un plat, entourés des poires aux airelles.

*Une belle pièce de gibier dédiée aux amateurs de sucré-salé.*

## › Ingrédients
(pour 12 personnes)

- 2 rôtis de sanglier
- 12 poires
- 1 bocal d'airelles au naturel
- 2 carottes
- 5 échalotes
- 1 oignon piqué de 4 clous de girofle
- 4 gousses d'ail
- 50 g de beurre
- 300 g de sucre semoule
- 30 g de chocolat noir amer
- 1,5 l de vin rouge corsé
- le jus d'1 citron
- 3 bâtons de cannelle
- 1 bouquet garni
- 20 grains de poivre
- 15 cl de vinaigre
- 5 cl d'huile d'olive
- sel, poivre

## › VIN CONSEILLÉ

*Un vin rouge capiteux de la Vallée du Rhône (côte-rotie, gigondas).*

*Préparation : 30 minutes* | *Marinade : 2 heures* | *Cuisson : 1 heure 30* | *Réalisation : facile* | *Coût : assez cher*

# Tajine *aux pruneaux*

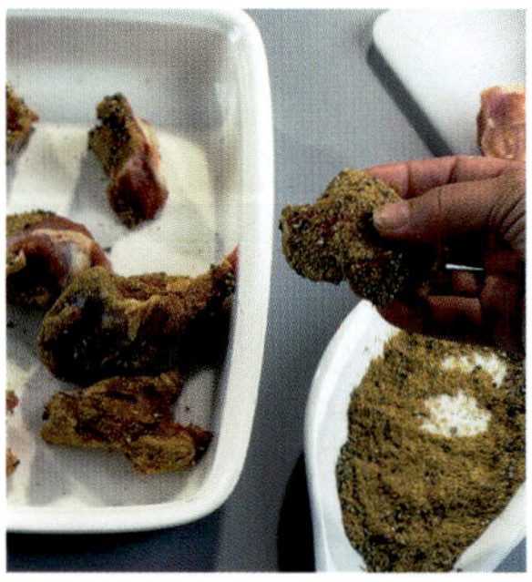

### ›CONSEIL

*Si vous possédez un tajine (c'est le nom du plat, qui s'est transmis à celui de la préparation), vous pouvez terminer la cuisson dans ce plat sur feu doux, en intercalant un diffuseur. Vous pouvez aussi glisser le plat dans le four en le couvrant d'une feuille d'aluminium, si le couvercle du plat ne tient pas dans le four.*



### ›AU MARCHÉ

*Dans les magasins de produits exotiques, vous pouvez trouver tout prêt un mélange des épices énoncées dans les proportions. C'est le raz-el-anout, ou « la tête de la boutique », un mélange qui se décline en de nombreuses variantes et comporte parfois des boutons de roses séchées.*

**1** Écrasez grossièrement 1 cuillerée à café de poivre en grains. Mélangez ce poivre avec 2 cuillerées à soupe de cumin, 1/2 cuillerée à café de girofle, 1 cuillerée à café de coriandre, 1 cuillerée à soupe de curcuma, 1 cuillerée à café de gingembre. Roulez chaque cube de viande dans ces épices. Couvrez d'un torchon et laissez macérer 2 heures au frais.

**2** Préparez 50 cl de thé corsé avec 3 cuillerées à soupe de Darjeeling. Arrosez les pruneaux du thé encore chaud, ajoutez 2 bâtons de cannelle. Laissez macérer jusqu'à ce que les pruneaux soient gonflés.

**3** Sortez la viande du réfrigérateur. Dans une grande sauteuse ou une cocotte, faites chauffer 2 cuillerées à soupe d'huile d'olive et faites fondre 2 oignons émincés sans qu'ils prennent couleur. Versez 10 cl d'huile d'olive, faites colorer les morceaux d'agneau, salez, couvrez d'eau à hauteur et laissez mijoter 1 heure à feu doux.

**4** Égouttez les pruneaux. Ajoutez-les à la viande et laissez cuire encore 30 minutes.

**5** Faites griller les amandes à sec dans une poêle antiadhésive en les mélangeant souvent. Parsemez le tajine d'amandes et éventuellement de boutons de roses au moment de servir.

*Rêve d'évasion ou souvenir de vacances, un plat aux épices du soleil.*

› *Ingrédients*
*(pour 4 personnes)*

- ✓ 800 g d'épaule d'agneau désossée en morceaux
- ✓ 250 g de pruneaux
- ✓ 100 g d'amandes mondées
- ✓ 2 oignons
- ✓ 2 bâtons de cannelle
- ✓ 3 cuillères à soupe de thé Darjeeling
- ✓ 1 cuillère à café de poivre en grains
- ✓ 2 cuillères à soupe de cumin en poudre
- ✓ 1 cuillère à café de coriandre en poudre
- ✓ 1/2 cuillère à café de clou de girofle en poudre
- ✓ 1 cuillère à soupe de curcuma
- ✓ 1 cuillère à café de gingembre en poudre
- ✓ boutons de roses séchées (facultatif)
- ✓ 10 cl + 2 cuillères à soupe d'huile d'olive
- ✓ sel, poivre

### › VIN CONSEILLÉ

*Un vin rouge de la Vallée du Rhône (saint-joseph ou gigondas).*

*Préparation : 30 minutes* | *Repos : aucun* | *Cuisson : 55 minutes* | *Réalisation : facile* | *Coût : assez cher*

# Tajine d'agneau *aux coings et pavot*

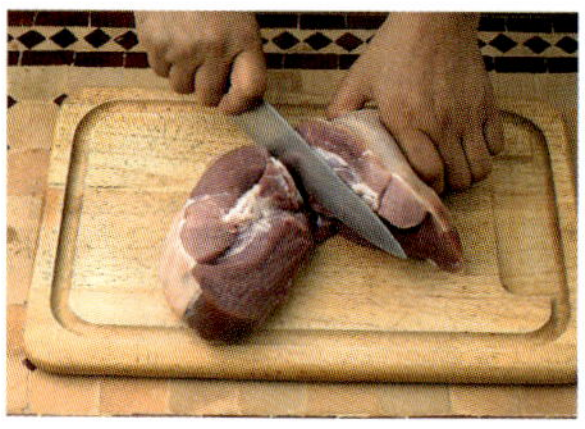

## ›VARIANTE

*La viande peut être remplacée par du bœuf très tendre cuit dans un bouillon safrané puis doré dans une sauteuse, et les coings par des poires dures d'Anjou ou williams.*

## ›CONSEIL

*Ce plat est assez élégant pour tenir une place de choix dans un menu festif, précédé de salades fraîches et suivi d'un dessert rafraîchissant comme une glace au citron.*

**1** Découpez le gigot d'agneau en 6 morceaux réguliers. Salez et poivrez légèrement tous les morceaux. Réservez dans une terrine. Épluchez et coupez 1 oignon en dés. Dans un faitout, faites chauffer 1 cuillerée à soupe d'huile et 100 g de beurre. Faites-y revenir l'oignon pendant 5 minutes.

**2** Dans le faitout, ajoutez les morceaux de viande un à un. Salez et poivrez, puis saupoudrez de 1 cuillerée à café de gingembre en poudre, 1 pincée de cannelle moulue, 1 pincée de noix de muscade moulue et 1/4 de cuillerée à soupe de safran en filaments. Faites dorer pendant 5 minutes.

**3** Transvasez la viande et le jus rendu dans le faitout. Mouillez avec un bol d'eau, couvrez et laissez mijoter 20 minutes à feu doux. Pendant ce temps, épluchez les coings. Coupez-les en quatre et retirez les pépins. Retirez la viande du bouillon et portez ce dernier à ébullition.

**4** Ajoutez les coings et laissez-les cuire à feu moyen pendant 10 minutes. Retirez-les du bouillon et faites-les caraméliser dans une poêle avec 1 cuillerée à soupe de sucre et une louche de bouillon, la face bombée des fruits vers le bas.

**5** Laissez réduire pendant 15 minutes, en retournant les fruits à mi-cuisson. Poudrez les coings de graines de pavot.

**6** Remettez la viande dans son bouillon. Réchauffez doucement l'ensemble puis rectifiez l'assaisonnement. Servez le tajine nappé de jus et entouré d'une couronne de coings.

*Un subtil mélange de viande et de fruits caractéristique des saveurs orientales.*

**› Ingrédients**
(pour 6 personnes)

- ✓ 1 gigot d'agneau d'environ 1,5 kg
- ✓ 1 kg de coings
- ✓ 1 oignon
- ✓ 100 g de beurre
- ✓ 1 cuillère à café de gingembre en poudre
- ✓ 20 g de graines de pavot
- ✓ 1/4 de cuillère à soupe de safran en filaments
- ✓ 1 pincée de muscade moulue
- ✓ 1 pincée de cannelle moulue
- ✓ huile, sucre, sel, poivre

**› VIN CONSEILLÉ**

*Un côtes-du-rhône.*

*Préparation : 35 minutes* | *Repos : aucun* | *Cuisson : 1 heure 35* | *Réalisation : assez facile* | *Coût : assez cher*

# Tajine de jarret de veau *aux abricots*

**› CONSEIL**

*Faites cuire les jarrets de veau très doucement afin qu'ils ne se défassent pas à la cuisson.*

**› VARIANTE**

*Remplacez l'osso-bucco par du collier ou de l'épaule d'agneau.*



**1** Entourez chaque tranche de viande de plusieurs tours de ficelle de cuisine. Nouez-les solidement. Pelez 3 oignons et 3 gousses d'ail. Hachez-les finement.

**2** Faites chauffer 5 cl d'huile dans une cocotte. Mettez-y les tranches de jarret de veau. Faites-les dorer 5 minutes de chaque côté. Salez, poivrez. Ajoutez les oignons et l'ail hachés, 1 pincée de pistils de safran, 1 sachet de colorant rouge et 1 cuillerée à soupe de gingembre moulu. Ajoutez 80 g de beurre en parcelles et 1/2 bâton de cannelle brisé en petits éclats. Faites revenir le mélange 15 minutes sur feu doux.

**3** Mouillez avec 1 litre d'eau froide. Portez à ébullition sur feu doux. Couvrez et laissez mijoter 1 heure.

**4** Entre-temps, mettez les abricots secs dans une casserole. Ajoutez 100 g de sucre semoule et 1/2 bâton de cannelle. Couvrez d'eau à 2 cm au-dessus des fruits. Pochez-les 10 minutes à petits frémissements. Égouttez-les et réservez-les.

**5** Lorsque la viande est tendre à point, remettez les abricots dans la casserole. Ajoutez-y 2 louches du jus de cuisson des jarrets. Faites-les réchauffer sur feu doux pendant quelques minutes.

**6** À l'aide d'une araignée, plongez les amandes mondées dans l'huile de friture très chaude. Laissez-les dorer puis égouttez-les.

**7** Disposez les tranches de jarret sur un joli plat. Nappez-les de sauce et d'abricots. Parsemez d'amandes grillées et servez.

*Un plat bien épicé dont vous apprécierez pourtant la douceur et la tendreté !*

## › Ingrédients
(pour 4 personnes)

- 4 tranches de jarret de veau de 300 g chacune
- 500 g d'abricots secs
- 300 g d'amandes mondées
- 3 oignons
- 3 gousses d'ail
- 80 g de beurre
- 5 cl d'huile d'arachide
- 100 g de sucre semoule
- 1 sachet de colorant rouge
- 1 bâton de cannelle
- 1 pincée de pistils de safran
- 1 cuillère à soupe de gingembre moulu
- 50 cl d'huile de friture
- sel, poivre

## › VIN CONSEILLÉ

*Un vin rosé d'Afrique du Nord ou un corbières « gris-de-gris ».*

*Préparation : 25 minutes* | *Marinade : 2 heures* | *Cuisson : 30 minutes* | *Réalisation : facile* | *Coût : bon marché*

# Travers de porc *au caramel*

### › VARIANTE

*Si vous désirez un travers très tendre, pochez les morceaux 10 minutes dans l'eau bouillante avant de les faire mariner.*

### › AU MARCHÉ

*Le travers de porc, appelé aussi petites côtes, est situé dans la partie supérieure de la poitrine et prélevé en travers des côtes. Choisissez ce morceau bien charnu, pas trop gras et rosé. Évitez les chairs trop claires ou à l'inverse trop foncées (si vous trouvez du porc issu de l'agriculture biologique, n'hésitez pas à l'acheter : cette filière est très au point et donne une viande véritablement très savoureuse). Le travers se présente en bande étroite. Comptez 2 à 3 côtes par personne.*

1 Coupez le travers de porc en morceaux en glissant la lame le long des os. Coupez finement la valeur d'1 cuillerée à soupe de zestes. Pelez le gingembre puis coupez-le en lamelles.

2 Versez le jus d'orange dans un plat creux et ajoutez-lui le gingembre et les ciboules ciselées. Incorporez 1 pincée de cumin, 1 cuillerée à café de sucre, 5 cuillerées à soupe de sauce soja et 5 cuillerées à soupe d'huile d'olive. Plongez les morceaux de viande dans la marinade en les enrobant. Couvrez de fil alimentaire. Placez 2 heures au réfrigérateur (retournez les morceaux de temps en temps).

3 Épluchez les oignons blancs et les poireaux. Conservez une partie de la tige des oignons. Supprimez quelques centimètres du vert des poireaux. Fendez-les en quatre sans entamer le blanc. Faites chauffer 50 g de beurre dans une sauteuse. Faites suer les oignons et les poireaux 10 minutes à feu moyen en mélangeant. Salez et poivrez.

4 Préchauffez le gril de votre four.

5 Égouttez les morceaux de porc. Disposez-les sur la grille du four posée sur la lèchefrite. Faites-les griller 20 minutes en les retournant à mi-cuisson, salez, poivrez. Filtrez la marinade, faites-la réduire de moitié à feu moyen pour obtenir un jus sirupeux. Nappez les travers de cette sauce dans le plat de service, répartissez les légumes puis décorez de zestes d'orange.

*Une viande qui dégage en grillant d'appétissants fumets exotiques !*

**Ingrédients**
(pour 4 personnes)

- 1 kg de travers de porc
- le jus de 3 oranges (+ zeste)
- 2 bottes de ciboules
- 2 bottes de petits oignons blancs
- 1 botte de poireaux de printemps
- 50 g de beurre
- 3 cm de gingembre frais
- 5 cuillères à soupe de sauce soja
- 5 cuillères à soupe d'huile d'olive
- 1 cuillère à café de sucre en poudre
- 1 pincée de cumin
- sel, poivre

**VIN CONSEILLÉ**

Un vin rouge du Languedoc (minervois ou saint-chignan).

Préparation : 10 minutes | Repos : aucun | Cuisson : 30 minutes | Réalisation : facile | Coût : assez cher

# Magrets de canard *aux pêches*

## › VARIANTE

*Pour une variante plus musclée, ajoutez du poivre vert écrasé, c'est un délice !*

## › TOUR DE MAIN

*Mieux encore, mais plus long à réaliser : faites votre propre fond de canard pour cette recette si vous disposez d'un canard gras entier avec de beaux magrets. Dans ce cas, levez les magrets et les cuisses, en gardant ces dernières pour une autre recette. Coupez la carcasse grossièrement et faites-la colorer dans de l'huile de tournesol. Ajoutez des oignons, des carottes, une branche de céleri, un bouquet garni et un sachet d'épices. Couvrez le tout d'eau froide, portez à ébullition, puis laissez mijoter pendant au moins 2 heures avant de filtrer.*

**1** Faites bouillir de l'eau non salée. Incisez en croix la peau des pêches et plongez-les 30 secondes dans de l'eau bouillante, puis dans de l'eau froide. Pelez et tranchez les pêches. Citronnez-les et jetez les noyaux.

**2** Incisez la graisse de 2 magrets en la quadrillant, sans trancher jusqu'à la chair. Faites chauffer une poêle sur feu vif et placez-y les magrets, côté peau contre la poêle. Laissez cuire à feu moyen pendant 10 minutes. Retournez-les et faites cuire encore 5 à 8 minutes selon la cuisson désirée. Assaisonnez avec sel et poivre.

**3** Retirez les magrets, enveloppez-les de papier aluminium et gardez-les au chaud. Jetez la graisse mais réservez-en 1 cuillerée à soupe. Versez-y les pêches et faites-les sauter pendant environ 5 minutes. Retirez-les. Salez et poivrez.

**4** Versez 1 cuillerée à soupe de sucre dans la poêle, ainsi que 2 cuillerées à soupe de vinaigre de cidre. Versez 20 cl de bouillon de volaille, augmentez le feu et faites réduire pendant 3 minutes, en remuant pour déglacer la poêle. Assaisonnez de sel et de poivre.

**5** Tranchez finement les magrets et servez avec les pêches, le tout arrosé de sauce.

*Testez ce suave mélange de volaille et de fruits !*

## Ingrédients
(pour 4 personnes)

- 2 magrets de canard de 400 g
- 4 pêches
- le jus d'1 citron
- 20 cl de bouillon de volaille
- 2 cuillères à soupe de vinaigre de cidre
- sucre semoule, sel, poivre

## VIN CONSEILLÉ

Un cru du beaujolais.

# Brochettes à l'ananas *riz coco*

## › AU MARCHÉ

*Le lait de coco ne doit pas être sucré pour cette recette : on le trouve en boîte dans les rayons spécialisés en produits exotiques. Vous pouvez choisir des ananas en conserve pour gagner du temps, mais choisissez-le au naturel et non au sirop ! En ce qui concerne la volaille, cette recette est aussi délicieuse avec de la dinde ou même du lapin.*

## › DÉCORATION

*Ce plat, par son côté exotique, se prête à une présentation colorée. Sur une toile de fond de riz blanc, posez les brochettes puis ajoutez des touches de couleur vive : baies rouges ou piment écrasé et coriandre fraîche, qui vont d'ailleurs ajouter des saveurs complémentaires.*

## › ASTUCE

*Vous pouvez faire cuire ces brochettes au barbecue.*



**1** Retirez la peau de 4 blancs de poulet. Découpez chaque blanc en 4 morceaux égaux. Assaisonnez de sel et de poivre.

**2** Épluchez 1 ananas en veillant à éliminer tous les yeux d'écorce. Coupez-le en deux dans le sens de la longueur, éliminez le trognon et tranchez la chair. Préparez des brochettes en enfilant des morceaux de poulet intercalés avec des morceaux d'ananas.

**3** Mesurez 22,5 cl de fond de volaille et mélangez-le avec 20 cl de lait de coco. Assaisonnez la préparation de sel et de poivre. Faites fondre 20 g de beurre dans une sauteuse.

**4** Versez 250 g de riz dans la sauteuse et faites sauter légèrement en remuant régulièrement pendant 3 minutes. Ajoutez la préparation au lait de coco. Portez à ébullition, couvrez, baissez le feu et laissez cuire 18 à 20 minutes.

**5** Dans une poêle, faites chauffer 25 g de beurre avec 1 cuillerée à café d'huile. Faites-y cuire les brochettes environ 10 à 15 minutes jusqu'à ce que le poulet soit cuit. Réservez au chaud.

**6** Déglacez la poêle avec 10 cl de jus d'ananas en grattant bien le fond pour décoller tous les sucs. Ajoutez 20 cl de fond de volaille et laissez réduire d'un tiers. Assaisonnez. Servez les brochettes sur un lit de riz et nappez de sauce à l'ananas.

*Exotisme tout simple : des brochettes pour un voyage culinaire savoureux.*



**Ingrédients**
(pour 4 personnes)

- 4 blancs de poulet
- 1 petit ananas
- 250 g de riz
- 42,5 cl de fond de volaille
- 20 cl de lait de coco
- 10 cl de jus d'ananas
- beurre, huile
- sel, poivre

**VIN CONSEILLÉ**

*Un saint-véran.*

*Préparation : 30 minutes* | *Repos : aucun* | *Cuisson : 45 minutes* | *Réalisation : facile* | *Coût : assez cher*

# Canard aux raisins *et girolles*

### › TOUR DE MAIN

*Avant la cuisson, enlevez soigneusement à l'aide d'une pince à épiler les petits tubes, restes de l'implantation des plumes dans la peau.*

### › AU MARCHÉ

*Le canard à rôtir offre une chair exceptionnelle pour des apprêts raffinés. Ne le confondez pas avec le canard gras (réservé au magret et au foie gras). Vous trouverez le plus souvent des canards de Barbarie (ils représentent 80 % du marché). Choisissez un canard de 2 kg environ. Si vous le pouvez, préférez une canette plus petite de 1,5 kg, plus fine de chair.*

1 Égrappez la grappe de raisins bien mûrs et garnissez-en l'intérieur du canard. Réservez la seconde grappe pour la finition. Égrappez la grappe de raisins verts pas encore mûrs. Écrasez-les dans un chinois ou une passoire fine. Recueillez le jus de raisin obtenu, aussi appelé « verjus ». Réservez.

2 Préchauffez votre four à 180°C (thermostat 6).

3 Dans une cocotte, faites fondre 50 g de beurre et faites dorer le canard de tous côtés. Salez, poivrez, couvrez la cocotte.

4 Glissez la cocotte au four pour 45 minutes. Pendant ce temps, épluchez et émincez finement les échalotes. Faites-les suer dans une poêle avec 25 g de beurre, sans qu'elles prennent de coloration. Mouillez avec le verjus et 10 cl de vinaigre de Xérès. Laissez réduire quelques minutes. Réservez au chaud.

5 Nettoyez les girolles avec un pinceau humide. Faites-les rapidement sauter dans une poêle avec 25 g de beurre, salez et poivrez.

6 Découpez le canard : émincez les filets (ou aiguillettes) et tenez-les au chaud. Versez les échalotes au verjus dans la cocotte en grattant pour décoller les sucs de cuisson. Laissez réduire à petits frémissements. Servez les découpes de canard avec les girolles et les raisins réservés que vous pouvez réchauffer doucement dans la sauce au verjus.

*Avec son léger parfum sauvage, le canard à rôtir ravira les grands amateurs.*

## Ingrédients
(pour 4 personnes)

- 1 canard à rôtir
- 500 g de girolles
- 2 grappes de raisin blanc bien mûrs
- 1 grappe de raisin vert pas encore mûr
- 2 échalotes
- 100 g de beurre
- 10 cl de vinaigre de Xérès
- sel, poivre

## VIN CONSEILLÉ

Un vin rouge du Sud-ouest (cahors ou madiran).

Préparation : 1 heure | Repos : aucun | Cuisson : 40 minutes | Réalisation : assez facile | Coût : assez cher

# Colvert rôti *en aigre-doux*

### ›CONSEIL

*À défaut de citrons verts, un trait de vinaigre de cidre ou de vinaigre balsamique apportera la touche d'acidité nécessaire à l'équilibre des saveurs.*



### ›ACCOMPAGNEMENT

*Proposez des petites galettes de pommes de terre ou des blinis de maïs.*

1 Préchauffez votre four à 200°C (thermostat 6/7).

2 Lavez 2 mandarines en les frottant sous l'eau chaude. Prélevez leur zeste et taillez-le en fine julienne. Pressez les fruits et recueillez le jus. Pressez aussi les citrons verts. Pelez les 4 autres mandarines. Laissez-les entières, sans détacher les quartiers.

3 Faites chauffer 2 cuillerées à soupe d'huile dans une cocotte en fonte. Faites-y revenir le canard de toutes parts sur feu moyen. Lorsqu'il est bien doré, retirez-le et dégraissez la cocotte. Glissez 1 brindille de thym et 1 feuille de laurier à l'intérieur du canard. Remettez-le dans la cocotte. Enduisez-le d'1 cuillerée à soupe de miel. Salez, poivrez.

4 Posez la julienne de zestes sur le canard. Ajoutez 4 mandarines pelées. Mouillez avec 15 cl de vin blanc liquoreux et le jus des agrumes. Couvrez la cocotte et mettez-la dans le four. Laissez cuire pendant 40 minutes en arrosant de temps en temps.

5 Une fois cuit, découpez le canard et tenez-le au chaud sur un plat avec les mandarines. Posez la cocotte sur feu vif et faites bouillir le jus. Hors du feu, incorporez 60 g de beurre en parcelles. Mélangez vivement au fouet pour lier la sauce.

6 Versez la sauce sur le canard. Servez aussitôt.

*Nul besoin d'être chasseur pour déguster ce canard très fruité !*

› *Ingrédients*
*(pour 4 personnes)*

- 1 colvert de 1,5 kg
- 6 grosses mandarines
- 2 citrons verts
- 15 cl de vin blanc liquoreux
- 60 g de beurre
- 1 cuillère à soupe de miel
- 2 cuillères à soupe d'huile
- 1 feuille de laurier
- 1 brindille de thym
- sel, poivre

### › VIN CONSEILLÉ

*Servez un grand bourgogne rouge (pommard ou volnay), ou choisissez un jurançon moelleux, grand vin puissant aux notes harmonieuses de miel et d'agrumes.*

# Coquelets *à l'ananas*

## ›CONSEIL

*Servie glacée, la « salade » d'ananas au poivron offrira un agréable contraste avec les volailles et les tranches d'ananas grillées.*

## ›ASTUCE

*Pour râper le gingembre, utilisez une coupelle en terre vernissée pourvue de petites aspérités comme celles vendues en Provence pour râper l'ail. En frottant la racine pelée sur les « dents » très acérées, vous recueillerez facilement la pulpe.*

1 Préparez la marinade : dans un bol, versez 5 cl de jus d'ananas et le jus d'1 citron vert. Pelez et râpez un petit morceau de gingembre frais. Pressez la pulpe entre vos doigts pour en extraire le jus. Versez-le dans le bol. Ajoutez 1 cuillerée à soupe de miel, 1 cuillerée à soupe d'huile et du poivre. Mélangez bien.

2 Coupez les coquelets en deux par le dos, dans le sens de la longueur. Mettez-les dans un plat creux. Au pinceau, badigeonnez-les de marinade. Laissez-les macérer 1 heure au réfrigérateur.

3 Entre-temps, coupez l'ananas en deux dans la hauteur. Taillez l'une des moitiés en 4 longues quartiers (plumet compris). Citronnez-les avec 1 citron vert et mettez-les au frais. Supprimez l'écorce sur l'autre moitié du fruit. Coupez la pulpe en petits morceaux. Pelez et émincez finement 2 oignons nouveaux. Taillez le poivron jaune en petits dés.

4 Dans une jatte, mélangez la pulpe d'ananas, les oignons et le poivron jaune. Parsemez de quelques brins de coriandre ciselés. Réservez au frais.

5 Égouttez les coquelets et salez-les. Posez-les sur la grille du barbecue, côté peau au-dessus des braises. Faites-les cuire 25 minutes en les tournant de temps en temps. Dix minutes avant la fin de la cuisson, posez les tranches d'ananas sur le gril. Faites-les dorer de chaque côté. Servez les coquelets et l'ananas grillé avec la salade d'ananas au poivron jaune.

*Grillés à la braise, coquelets et tranches d'ananas s'accordent à merveille !*

**› Ingrédients**
*(pour 4 personnes)*

- ✓ 2 coquelets (500 à 600 g pièce)
- ✓ 1 gros ananas
- ✓ 1 petit poivron jaune (100 g)
- ✓ 2 oignons nouveaux (avec tige)
- ✓ 2 citrons verts
- ✓ 5 cl de jus d'ananas
- ✓ 1 petit morceau de gingembre frais
- ✓ quelques brins de coriandre fraîche
- ✓ miel liquide, huile
- ✓ sel, poivre

**›VIN CONSEILLÉ**

*Un vin rosé de caractère (tavel ou côtes-de-la-malepère).*

Préparation : 35 minutes | Repos : aucun | Cuisson : 25 minutes | Réalisation : facile | Coût : assez cher

# Émincé de canard *aux fruits rouges*

### ›GROSEILLES ET CASSIS

*Ces petites baies rouges et noires cueillies l'été, à pleine maturité, proviennent d'arbrisseaux cultivés en France depuis le XVII^e^ siècle. Elles renferment un jus abondant et contiennent suffisamment de pectine pour prendre facilement en gelée. Peu énergétiques, très riches en vitamine C, en carotène, en minéraux et en fibres douces, ces petits fruits aux grappes décoratives ont bien des qualités !*

### ›TOUR DE MAIN

*Pour recueillir les baies de cassis ou de groseilles, passez les dents d'une fourchette le long de la grappe. Procédez avec délicatesse pour ne pas abîmer les petits fruits.*

### ›ASTUCE

*Si vous ne trouvez pas de magrets chez votre volailler, prenez des magrets sous vide.*



**1** Lavez rapidement les cassis et les groseilles. Égrappez-les à l'aide d'une fourchette. Réservez-les au frais.

**2** À l'aide d'un couteau bien tranchant, pratiquez de profondes incisions en quadrillage sur la peau des magrets.

**3** Faites chauffer une poêle antiadhésive sans ajouter de matière grasse. Placez-y les magrets, côté peau contre le revêtement de la poêle. Laissez-les cuire 10 minutes sur feu vif puis retournez-les. Salez-les, poivrez-les. Faites-les cuire encore 8 minutes puis retirez du feu. Mettez les magrets sur une planche et tenez-les au chaud sous une feuille de papier aluminium.

**4** Jetez le gras de cuisson contenu dans la poêle. Déglacez avec 5 cl de vinaigre de framboises en grattant le fond à la cuillère en bois. Laissez réduire 3 minutes sur feu doux puis versez les cassis et les groseilles. Donnez un rapide bouillon en imprimant un mouvement de rotation à la poêle. Salez et poivrez légèrement. Retirez du feu et tenez au chaud.

**5** Ôtez la peau des magrets et tranchez-les en minces lamelles. Répartissez celles-ci sur les assiettes et nappez-les de cassis et de groseilles en sauce. Servez aussitôt.

*Bonne nouvelle : le canard est bon pour la ligne !*



› *Ingrédients*
*(pour 4 personnes)*

- ✓ *4 petits magrets de canard*
- ✓ *250 g de cassis*
- ✓ *125 g de groseilles*
- ✓ *5 cl de vinaigre de framboises*
- ✓ *sel, poivre*

› VIN CONSEILLÉ

*Un verre de bon bourgogne rouge (vous y retrouverez des notes de fruits rouges).*

Préparation : 20 minutes | Marinade : 6 heures | Cuisson : 1 heure 30 | Réalisation : facile | Coût : bon marché

# Lapin *aux pruneaux*

## ›CONSEIL

*Ce plat peut se cuisiner aussi bien avec un vin blanc, un vin rosé ou un vin rouge, chacun donnant un fond de goût légèrement différent.*



## ›ASTUCE

*Vous avez oublié de réhydrater les pruneaux ? Pas de souci, mettez-les au four à micro-ondes pendant 2 minutes avec un peu d'eau. Dans ce cas, ajoutez le cognac à part.*

1 Épluchez et émincez 2 oignons et 2 carottes. Faites un bouquet garni de 2 brins de thym, 1 feuille de laurier et 2 brins de persil. Coupez le lapin en morceaux et placez-les dans un plat avec les oignons, les carottes et le bouquet garni.

2 Versez 1 litre de vin blanc sur le lapin, 2 cuillerées à soupe de vinaigre balsamique et 2 cuillerées à soupe d'huile de tournesol. Ajoutez une mousseline remplie de1 cuillerée à soupe de grains de poivre et d'1 cuillerée à soupe de baies de genièvre. Couvrez de film plastique et réfrigérez pendant au moins 6 heures.

3 Une heure avant de préparer le plat, dénoyautez les pruneaux et faites-les tremper dans 5 cl de cognac.

4 Couvrez les lardons d'eau froide, portez à ébullition, égouttez et rincez. Épluchez 12 petits oignons grelots. Épluchez et écrasez 1 gousse d'ail. Égouttez et épongez les morceaux de lapin. Filtrez la marinade en gardant le bouquet garni et le sachet d'épices.

5 Dans une cocotte, faites chauffer 1 cuillerée à soupe d'huile de tournesol, puis ajoutez 1 cuillerée à soupe de beurre. Faites-y colorer les morceaux de lapin, puis retirez-les. Ajoutez les lardons et les oignons grelots et faites-les revenir environ 5 minutes.

6 Rajoutez le lapin, saupoudrez de 2 cuillerées à soupe de farine. Versez-y la marinade puis ajoutez l'ail, le bouquet garni et le sachet d'épices. Amenez à ébullition et laissez mijoter 1 heure.

7 Ajoutez les pruneaux et le cognac et poursuivez la cuisson encore 30 minutes. Jetez le bouquet garni et le sachet d'épices et assaisonnez le plat.

*Un plat d'hiver aux saveurs douces et réconfortantes.*

› Ingrédients
(pour 6 personnes)

- ✓ 1 lapin
- ✓ 200 g de pruneaux
- ✓ 125 g de lardons
- ✓ 12 oignons grelots
- ✓ 2 oignons
- ✓ 2 carottes
- ✓ 1 gousse d'ail
- ✓ 1 l de vin blanc
- ✓ 5 cl de cognac
- ✓ 3 cuillères à soupe d'huile de tournesol
- ✓ 2 cuillères à soupe de vinaigre balsamique
- ✓ 1 cuillère à soupe de poivre en grains
- ✓ 1 cuillère à soupe de baies de genièvre
- ✓ thym, laurier, persil
- ✓ farine, beurre
- ✓ sel, poivre

›VIN CONSEILLÉ

*Un côtes-du-rhône.*

# Lapin farci *aux fruits secs*

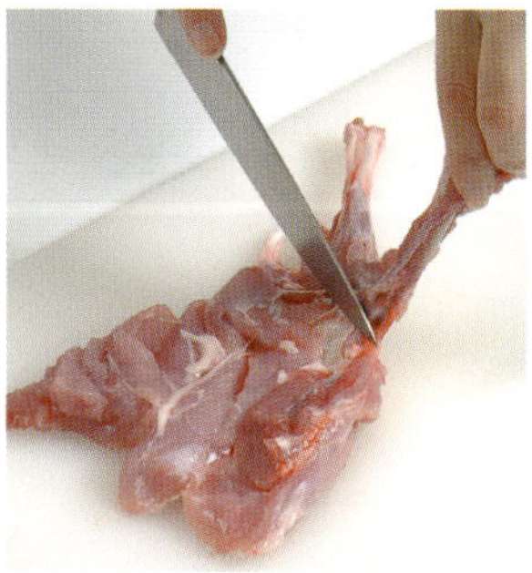

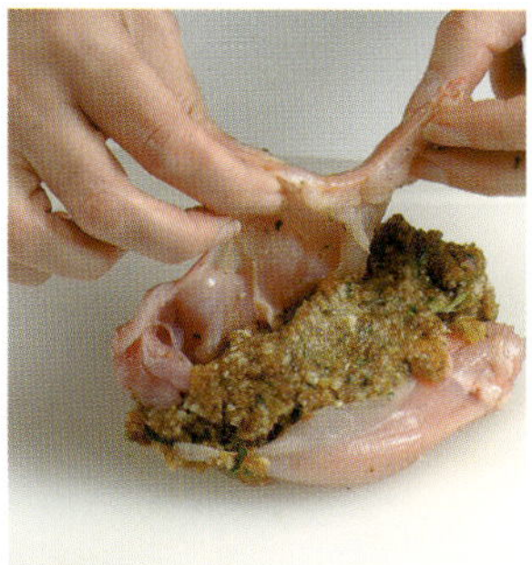

## ›TOUR DE MAIN

*Étalez la crépine sur le plan de travail et coupez-la en 4 à l'aide de ciseaux. Posez une cuisse farcie au centre de chaque carré et rabattez la crépine dessus de façon à bien l'emballer.*

## ›CONSEIL

*À défaut de crépine, ficelez les cuisses à la manière d'un petit rôti. Même s'il s'échappe un peu de farce, la préparation n'en restera pas moins délicieuse !*

**1** Mettez les abricots et les figues dans un bol. Arrosez-les de 25 cl d'eau chaude. Couvrez et laissez macérer pendant 4 heures.

**2** À l'aide d'un petit couteau pointu, fendez les cuisses de lapin et désossez-les entièrement. Réservez-les.

**3** Pelez la gousse d'ail. Égouttez les abricots et les figues (réservez le jus de macération). Coupez-les en morceaux puis mettez-les dans un mixeur avec l'ail, les pignons, les brins de coriandre et l'œuf. Parfumez avec 1 pincée de cannelle, 1 pincée de cumin et 1 pincée de piment. Broyez l'ensemble jusqu'à obtention d'une farce homogène.

**4** Rincez la crépine à l'eau froide et pressez-la entre vos doigts pour l'égoutter. Garnissez les cuisses de lapin avec la farce en l'étalant à la place des os. Reconstituez les cuisses en rabattant la chair sur la farce. Enveloppez chaque cuisse farcie dans un morceau de crépine. Maintenez en place avec de la ficelle de cuisine.

**5** Faites fondre 50 g de beurre dans une cocotte. Faites-y revenir les cuisses de lapin sur feu doux jusqu'à ce qu'elles soient dorées de toutes parts. Salez, poivrez. Mouillez avec le jus de macération des fruits secs. Portez à ébullition sur feu doux. Ajoutez le cube de bouillon de légumes en l'écrasant à la fourchette. Couvrez et laissez mijoter environ 45 minutes jusqu'à ce que le lapin soit tendre.

**6** Posez les cuisses de lapin sur des assiettes. Ôtez les liens de ficelle. Nappez du jus de cuisson et servez aussitôt.

*Une nouvelle manière de cuisiner le lapin : désossé et épicé.*

## Ingrédients
(pour 4 personnes)

- 4 cuisses de lapin
- 1 crépine de porc
- 60 g d'abricots secs
- 60 g de figues sèches
- 30 g de pignons
- 1 œuf
- 1 gousse d'ail
- 1 pincée de cannelle
- 1 pincée de cumin
- 1 pincée de piment doux
- 8 brins de coriandre
- 50 g de beurre
- 1 cube de bouillon de légumes
- sel, poivre

## VIN CONSEILLÉ

*Un rosé frais et fruité (côtes-du-luberon ou coteaux-du-tricastin).*

# Magrets de canard *aux figues fraîches*

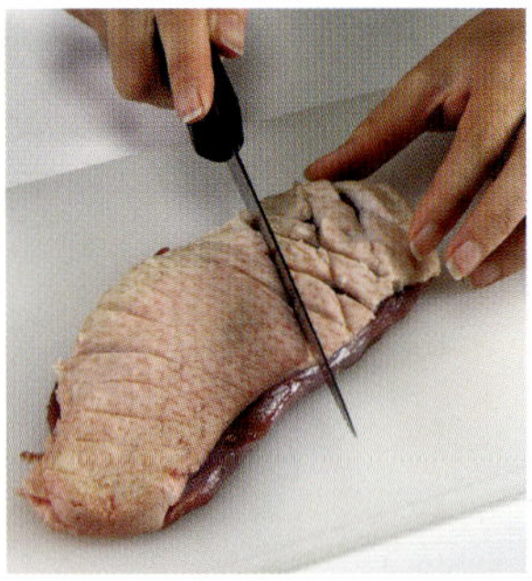

## ›AU MARCHÉ

*Choisissez 2 beaux magrets de canard d'au moins 350 g chacun. Sélectionnez des figues mûres à point (trop mûres, elles risquent de s'écraser à la cuisson).*

## ›VARIANTE

*Remplacez les figues par des quartiers de poires et les tomates cerise par des airelles.*



## ›CONSEIL

*En faisant griller vos magrets dans une cocotte à bord haut vous éviterez que les projections de gras ne viennent salir tout votre plan de cuisson ! Si vous devez utiliser une poêle, posez dessus une fine grille anti-éclaboussures.*

1 Lavez et essuyez les figues (laissez-les entières, avec la queue). À l'aide d'un couteau tranchant, quadrillez la peau des 2 magrets de profondes incisions.

2 Salez et poivrez la chair des magrets. Posez-les côté peau dans une cocotte en fonte bien chaude. Laissez-les cuire pendant 8 minutes en les arrosant avec le gras s'écoulant de la peau. Jetez le gras de cuisson et tournez les magrets côté chair. Laissez-les cuire pendant 6 minutes sur feu assez vif.

3 Posez les magrets sur un plat. Couvrez-les de papier d'aluminium et laissez-les reposer 10 minutes à l'entrée du four chaud.

4 Jetez le gras et déglacez la cocotte avec le jus du citron. Grattez bien le fond avec une cuillère en bois pour décoller les sucs. Versez 10 cl de bouillon de volaille. Ajoutez les figues, 1 cuillerée à café de cassonade et 25 g de beurre en parcelles. Poivrez. Couvrez et laissez mijoter 8 à 10 minutes. Hors du feu, incorporez 100 g de tomates cerise et 30 g d'amandes décortiquées. Laissez-les réchauffer dans le jus, à couvert.

5 Découpez les magrets de canard en tranches fines. Disposez-les sur les assiettes. Ajoutez les figues, les tomates cerise et les amandes. Nappez du jus de cuisson. Décorez de pluches de cerfeuil. Servez aussitôt.

*Tendre et bien grillé, ce morceau de choix éveille la gourmandise !*

## Ingrédients
(pour 4 personnes)

- 2 beaux magrets de canard
- 12 figues fraîches
- 100 g de tomates cerise
- 30 g d'amandes décortiquées
- 1 citron
- 25 g de beurre
- 10 cl de bouillon de volaille
- 1 cuillère à café de cassonade
- quelques pluches de cerfeuil
- sel, poivre

## VIN CONSEILLÉ

Pour mettre en valeur l'alliance sucrée-salée de la volaille et des figues, laissez-vous tenter par un jurançon, grand vin moelleux du Sud-ouest.

*Préparation : 15 minutes* | *Repos : aucun* | *Cuisson : 45 minutes* | *Réalisation : facile* | *Coût : assez cher*

# Pintade *aux échalotes confites*

## ›ASTUCE

*Faites votre bouillon avec la carcasse de la pintade. Découpez-la en levant les blancs de façon à récupérer la carcasse. Faites colorer la carcasse et 1 oignon. Couvrez-la d'eau froide, ajoutez 1 carotte, 1 poireau, un bouquet garni bien fourni, du sel et du poivre. Ajoutez des grains de poivre, 2 clous de girofle et, éventuellement, 1 étoile de badiane. Portez à ébullition puis laissez mijoter pendant 2 heures. Filtrez.*

## ›TOUR DE MAIN

*Pour découper une volaille, posez-la sur le flanc, prenez une cuisse à pleine main et tirez vers vous. À l'aide d'un couteau désosseur, incisez la peau puis détachez la cuisse au niveau de l'articulation. Fendez la cage thoracique en travers et détachez les deux morceaux. Fendez l'os du bréchet et séparez les deux blancs, en longeant l'os du cou de chaque côté, ou levez les blancs en les séparant de la carcasse.*



**1** Découpez 1 pintade en morceaux et assaisonnez-les. Épluchez les échalotes. Mélangez 2 cuillerées à soupe de vinaigre balsamique à 30 cl de bouillon de volaille et assaisonnez d'1 cuillerée à café de sucre, de sel, de poivre et de thym.

**2** Dans une sauteuse, faites chauffer 1 cuillerée à soupe d'huile de tournesol, ajoutez 1 cuillerée à café de beurre et faites colorer les morceaux de pintade. Mettez-les de côté.

**3** Ajoutez les échalotes entières et faites-les colorer quelques minutes. Ajoutez le bouillon au vinaigre balsamique et laissez mijoter jusqu'à ce que le liquide soit évaporé.

**4** Remettez les morceaux de pintade, ajoutez 20 cl de bouillon de volaille et portez à ébullition. Baissez le feu, couvrez et laissez cuire 25 minutes. Rectifiez l'assaisonnement avant de servir.

*Un accompagnement sucré-salé idéal pour mettre en valeur la pintade !*

› *Ingrédients* *(pour 4 personnes)*

- ✓ *1 pintade fermière*
- ✓ *12 échalotes*
- ✓ *50 cl de bouillon de volaille*
- ✓ *2 cuillères à soupe de vinaigre balsamique*
- ✓ *beurre, huile de tournesol*
- ✓ *sucre, sel, poivre, thym*

### ›VIN CONSEILLÉ

*Un graves rouge.*

*Préparation : 10 minutes* | *Repos : aucun* | *Cuisson : 15 minutes* | *Réalisation : facile* | *Coût : bon marché*

# Poulet *au chutney*

### ›VARIANTE

*Pensez au chutney pour accompagner vos samossas (beignets fourrés indiens) ou encore votre foie gras !*



### ›CONSEIL

*Préparez vous-même votre chutney en faisant mijoter comme une confiture de la mangue peu mûre en morceaux, du sucre, un peu de vinaigre, de raisins blancs pelés et épépinés, un peu d'oignon, d'ail, de sel, de piment, de garam massala et de gingembre.*

**1** Préchauffez votre four à 200°C (thermostat 6/7).

**2** Épluchez, dégermez et hachez très finement la gousse d'ail. Prélevez quelques longs zestes sur le citron vert et réservez-les. Pressez-le.

**3** Dans un plat creux, mélangez 4 cuillerées à soupe de chutney au jus de citron vert, puis ajoutez l'ail, du sel, du poivre et 2 pincées de piment.

**4** Coupez les filets de poulet en aiguillettes (3 ou 4 par filet, selon sa taille). Déposez-les dans la marinade au chutney en les retournant plusieurs fois pour qu'elles soient parfaitement enrobées.

**5** Tapissez un plat à four d'une feuille d'aluminium huilée. Rangez-y les aiguillettes de poulet côte à côte sans les faire se chevaucher et arrosez du reste de marinade. Faites cuire 15 minutes jusqu'à ce que la viande soit bien grillée.

**6** Disposez les aiguillettes dans les assiettes à la sortie du four, décorez-les de zestes et servez rapidement, accompagné de chutney.

*Vite prêt, un délice tout léger aux accents indiens.*

## Ingrédients
(pour 4 personnes)

- 4 filets de poulet
- 4 cuillères à soupe de chutney de mangue
- 1 citron vert
- 1 gousse d'ail
- 2 pincées de piment
- sel, poivre

## VIN CONSEILLÉ

*Un vin rouge léger (saumur-champigny servi frais).*

*Préparation : 15 minutes* | *Repos : aucun* | *Cuisson : 1 heure* | *Réalisation : facile* | *Coût : bon marché*

# Poulet miel *et thym*

**›CONSEIL**

*Le temps de cuisson du poulet dépend de son poids. Comptez environ 15 minutes par livre, plus 15 minutes supplémentaires. Pour tester la cuisson, piquez une fourchette dans la cuisse, soulevez le poulet et laissez couler un peu de jus, qui doit être clair et non rosé..*

**›TOUR DE MAIN**

*Pour découper un poulet rôti, détachez sans trancher les cuisses en exerçant une pression. Coupez-les ensuite en deux en incisant l'articulation. Incisez le long de l'os du bréchet, puis faites glisser la lame le long de la carcasse pour détacher chaque blanc en un seul morceau.*



**1** Préchauffez votre four à 240°C (thermostat 8). Assaisonnez le poulet à l'intérieur et à l'extérieur de sel et de poivre. Épluchez 4 gousses d'ail et placez-les à l'intérieur du poulet ainsi que 3 brins de thym.

**2** Bridez la volaille. Faites fondre 60 g de beurre avec 1 cuillerée à soupe de miel. Fendez en deux dans la longueur la gousse de vanille et grattez les graines de la pointe d'un couteau au-dessus du beurre fondu. Effeuillez 2 brins de thym et ajoutez-les au beurre et miel fondus.

**3** Badigeonnez le poulet du mélange de beurre et de miel. Placez la volaille dans un plat à rôtir sur un côté. Enfournez le poulet et baissez la température du four à 210°C (thermostat 7). Badigeonnez-le du beurre miellé régulièrement pendant la cuisson.

**4** Au bout de 20 minutes de cuisson, retournez le poulet sur l'autre côté. Après 20 minutes supplémentaires de cuisson, placez le poulet sur le dos et poursuivez la cuisson pour encore 20 minutes environ, toujours en badigeonnant de beurre miellé.

**5** Retirez le poulet du plat à rôtir et réservez-le au chaud. Faites chauffer doucement le plat sur le feu sans laisser brûler les sucs. Jetez la graisse et ajoutez 30 cl de fond de volaille. Faites réduire pendant quelques minutes, rectifiez l'assaisonnement et filtrez.

**6** Retirez les fils du poulet et jetez les brins de thym. Servez le poulet entier ou découpé, accompagné de son jus et des gousses d'ail rôties.

*Très parfumée, une recette toute simple qui réveille le poulet rôti !*

› *Ingrédients*
*(pour 4 personnes)*

- *1 poulet fermier*
- *4 gousses dail*
- *60 g de beurre*
- *30 cl de fond de volaille*
- *1 gousse de vanille*
- *thym, miel, sel, poivre*

› VIN CONSEILLÉ

*Un saumur-champigny servi rafraîchi.*

*Préparation : 40 minutes* | *Repos : aucun* | *Cuisson : 20 minutes* | *Réalisation : facile* | *Coût : assez cher*

# Rôti de magrets *au pain d'épices*

## ›CONSEIL

*Le magret de canard se sert rosé mais si vous préférez la viande bien cuite, prolongez la cuisson de 5 minutes. Recueillez le jus qui s'écoule pendant que le rôti repose sous le papier d'aluminium et versez-le sur les tranches au moment de servir.*

## ›VARIANTE

*Un peu rassis, le pain d'épices est plus facile à mixer !*

**1** Dans un bol, réduisez 30 g de beurre mou en pommade. Écroûtez 80 g de pain d'épices, coupez-le en petits dés et broyez-les au mixeur. Versez la poudre de pain d'épices obtenue dans le bol et mélangez-la au beurre jusqu'à obtention d'une farce lisse. Faites-la durcir 10 minutes au réfrigérateur.

**2** Préchauffez votre four à 220°C (thermostat 7/8).

**3** Au couteau, quadrillez la peau des magrets en pratiquant de profondes incisions. Posez les magrets sur une planche. Salez-les et poivrez-les côté chair. Tartinez-les de farce au pain d'épices.

**4** Placez les 2 magrets chair contre chair. Ficelez-les en rôti (un lien dans la longueur et quatre liens dans la largeur).

**5** Installez le rôti dans un plat. Parsemez-le de brins de thym. Faites-le cuire pendant 20 minutes au four. À mi-cuisson, retournez-le et arrosez-le de 5 cl d'eau chaude.

**6** Retirez le plat du four. Posez le rôti sur une planche et laissez-le reposer 5 minutes sous une feuille de papier d'aluminium. Ôtez la ficelle et découpez-le en tranches. Servez aussitôt.

*Facile à préparer, un rôti original d'une saveur douce et séduisante !*

## Ingrédients
(pour 4 personnes)

- ✓ 2 gros magrets de canard
- ✓ 100 g de pain d'épices
- ✓ 30 g de beurre
- ✓ quelques brins de thym
- ✓ sel, poivre

## VIN CONSEILLÉ

*Un beau bourgogne rouge, rond et bien équilibré, trouvera tout naturellement sa place auprès de ce canard au pain d'épices (chassagne-montrachet ou pommard).*

Préparation : 20 minutes | Repos : aucun | Cuisson : 15 minutes | Réalisation : facile | Coût : bon marché

# Saltimbocca *au pain d'épices*

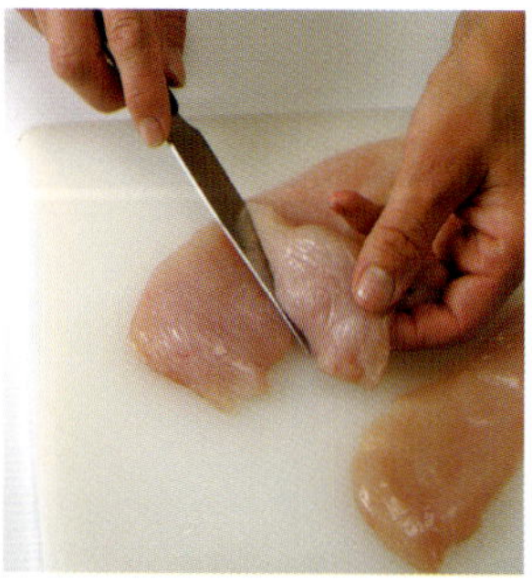

## ›TOUR DE MAIN

*À l'aide d'un grand couteau bien aiguisé, détaillez les filets de poulet en petites tranches bien fines. Au besoin, aplatissez-les au rouleau en les plaçant entre 2 feuilles de film alimentaire.*

## ›ACCOMPAGNEMENT

*Servez avec du riz, des gnocchi ou de la polenta.*

**1** Découpez les filets de poulet en 8 petites escalopes de 60 g chacune. Salez-les et poivrez-les légèrement. Écroûtez le pain d'épices et broyez-le au mixeur jusqu'à obtention d'une chapelure grossière.

**2** Sur chaque petite escalope, posez 1 brin d'estragon. Coupez les tranches de jambon de Parme en deux. Entourez chaque escalope d'1/2 tranche de jambon. Maintenez le tout en place à l'aide d'une pique à cocktail.

**3** Faites fondre 25 g de beurre et 1 cuillerée à soupe d'huile d'olive dans une sauteuse. Lorsque le mélange commence à grésiller, mettez-y les saltimbocca. Faites-les cuire sur feu moyen 5 à 6 minutes de chaque côté jusqu'à ce qu'ils soient dorés.

**4** Mettez les saltimbocca sur un plat et tenez-les au chaud. Jetez l'excédent de gras et déglacez la sauteuse avec 15 cl de vin blanc. Grattez à l'aide d'une spatule pour décoller les sucs. Versez 20 cl de bouillon de volaille. Laissez réduire 5 minutes sur feu vif.

**5** Liez la sauce avec la chapelure de pain d'épices en mélangeant à la cuillère en bois. Hors du feu, ajoutez 20 g de beurre en parcelles. Ôtez les piques à cocktail et versez le jus rendu dans la sauce. Coulez celui-ci au fond du plat. Servez aussitôt.

*De fines escalopes bardées de jambon de Parme, qui « sautent en bouche » !*

› *Ingrédients*
*(pour 4 personnes)*

- ✓ 500 g de filets de poulet
- ✓ 4 tranches de jambon de Parme (très fines)
- ✓ 2 tranches de pain d'épices
- ✓ 45 g de beurre
- ✓ 20 cl de bouillon de volaille
- ✓ 15 cl de vin blanc sec
- ✓ 8 brins d'estragon
- ✓ huile d'olive, sel, poivre

› VIN CONSEILLÉ

*Un vin rouge italien, vif et légèrement pétillant (lambrusco) ou bien un bourgogne rouge, compagnon idéal de la sauce au pain d'épices.*

*Préparation : 45 minutes* | *Repos : aucun* | *Cuisson : 1 heure* | *Réalisation : facile* | *Coût : bon marché*

# Tajine de pintadeau *aux abricots*

## ›CONSEIL

*Surveillez la cuisson pour que les abricots n'attachent pas au fond de la cocotte. Au besoin, ajoutez un peu d'eau.*



## ›ACCOMPAGNEMENT

*Un grand plat de couscous fumant, parsemé de noisettes de beurre et poudré d'un voile de cannelle !*

**1** Dans une cocotte, faites fondre 50 g de beurre. Quand il commence à grésiller, mettez-y 1 gousse d'ail coupée en deux, 1 bâton de cannelle émietté et 1/2 cuillerée à café de graines de cumin. Faites revenir l'ensemble quelques minutes pour que le beurre prenne le goût des aromates.

**2** Ajoutez le pintadeau et faites-le revenir sur feu doux. Une fois coloré de toutes parts (10 à 15 minutes), retirez-le de la cocotte.

**3** Pelez et ciselez finement 3 oignons et 1 gousse d'ail. Faites-les dorer 5 minutes dans le beurre d'épices. Saupoudrez-les de 50 g de cassonade. Ajoutez 1 dose de safran et 2 cuillerées à soupe d'eau froide. Laissez mijoter 2 minutes.

**4** Lavez, essuyez et dénoyautez 300 g d'abricots. Mettez- les dans la cocotte avec 10 cl d'eau. Couvrez et laissez compoter 10 minutes, puis remettez le pintadeau dans la cocotte. Salez, poivrez. Faites cuire 35 à 40 minutes à couvert en tournant la volaille à mi-cuisson.

**5** Ouvrez en deux 8 beaux abricots et dénoyautez-les. Faites-les cuire doucement à la poêle dans 20 g de beurre en les tournant de temps en temps. Après 10 minutes, poudrez-les d'1 cuillerée à soupe de cassonade et laissez caraméliser 5 minutes.

**6** Découpez le pintadeau en morceaux et mettez-les sur un plat. Nappez-les du fond de cuisson filtré au chinois. Disposez les abricots poêlés autour de la volaille. Servez très chaud, décoré de brins de menthe.

*Un plat d'été original au fruité rafraîchissant !*

## Ingrédients
(pour 4 personnes)

- 1 pintadeau d'environ 1 kg
- 300 g + 8 beaux abricots
- 3 oignons
- 2 gousses d'ail
- 70 g de beurre
- 50 g de cassonade + 1 cuillère à soupe
- 1/2 cuillère à café de graines de cumin
- 1 bâton de cannelle
- 1 dose de safran
- menthe fraîche, sel, poivre

## VIN CONSEILLÉ

Un coteaux-du-languedoc rouge.

# Index